www.ingramcontent.com/pod-product-compliance
Lightning Source LLC
LaVergne TN
LVHW010610070526
838199LV00063BA/5126
* 9 7 8 9 3 5 8 7 2 4 1 1 0 *

مجتبیٰ حسین کی چٹکیاں

(انشائیے)

مجتبیٰ حسین

© Taemeer Publications LLC

Mujtaba Hussain ki ChutkiyaaN (Humorous Essays)
by: Mujtaba Hussain
Edition: March '2024
Publisher :
Taemeer Publications LLC (Michigan, USA / Hyderabad, India)

ISBN 978-93-5872-411-0
9 789358 724110

مصنف یا ناشر کی پیشگی اجازت کے بغیر اس کتاب کا کوئی بھی حصہ کسی بھی شکل میں بشمول ویب سائٹ پر
اَپ لوڈنگ کے لیے استعمال نہ کیا جائے۔ نیز اس کتاب پر کسی بھی قسم کے تنازع کو نمٹانے کا اختیار
صرف حیدرآباد (تلنگانہ) کی عدلیہ کو ہو گا۔

© تعمیر پبلی کیشنز

کتاب : **مجتبیٰ حسین کی چٹکیاں** (انشائیے)

مصنف : **مجتبیٰ حسین**

جمع و ترتیب : سید حیدرآبادی

صنف : طنز و مزاح

ناشر : تعمیر پبلی کیشنز (حیدرآباد، انڈیا)

سالِ اشاعت : ۲۰۲۴ء

صفحات : ۷۲

سرورق ڈیزائن : تعمیر ویب ڈیزائن

فہرست

(۱)	تکیہ کلام	6
(۲)	دیمکوں کی ملکہ سے ایک ملاقات	16
(۳)	سوئز بینک میں کھاتہ ہمارا	24
(۴)	مرزا غالب کی پریس کانفرنس	33
(۵)	مشاعرے اور مجرے کا فرق	48
(۶)	غزل سپلائنگ اینڈ مینو فیکچرنگ کمپنی (پرائیوٹ ان لمیٹیڈ)	54
(۷)	مجتبیٰ حسین ایک عہد ساز شخصیت (از: ڈاکٹر عزیز سہیل)	62

تکیہ کلام

"تکیۂ کلام" سے یہاں ہماری مراد وہ تکیۂ کلام نہیں جو بات چیت کے دوران میں بار بار مداخلت جاو بے جا کرتا ہے بلکہ یہاں تکیۂ کلام سے مراد وہ کلام ہے جو تکیوں پر زیورِ طبع سے آراستہ ہوتا ہے اور جس پر آپ اپنا سر رکھ کر سو جاتے ہیں اور جو آپ کی نیندیں "حلال" کرتا ہے۔ پرسوں کی بات ہے کہ ہم نے ایک محفل میں غالبؔ کا شعر پڑھا،

نیند اس کی ہے دماغ اس کا ہے راتیں اس کی ہیں
تیری زلفیں جس کے شانوں پر پریشان ہو گئیں

اس شعر کو سن کر ایک صاحب پہلے تو چونکے۔ پھر گہری سوچ میں غرق ہو گئے اور اپنا سر کھجاتے ہوئے بولے: "اگر میرا حافظہ خراب نہ ہوا ہو تو یہ شعر میں نے ضرور کہیں پڑھا ہے۔" ہم نے ان کی یادداشت کا امتحان لینے کی خاطر پوچھا۔ "تب تو سوچ کر بتایئے کہ آپ نے یہ شعر کہاں پڑھا تھا" وہ کچھ دیر سوچ کر بولے: "بھئی! لو یاد آیا۔ یہ شعر ہم نے رحمٰن خاں ٹھیکیدار کے تکیہ کے غلاف پر پڑھا تھا۔ بھلا تمہیں یہ شعر کس طرح یاد ہو گیا؟ کیا تمہیں بھی اس تکیہ پر سونے کا اتفاق ہوا تھا؟" ہم نے کہا: "آپ کیسی باتیں کرتے ہیں۔ یہ شعر تو دیوانِ غالبؔ میں موجود ہے۔ رحمٰن خاں ٹھیکیدار سے ہمارا کیا تعلق؟" اس پر وہ بولے "بھئی! دیوانِ غالبؔ سے ہمارا کیا تعلق۔ ہم تو شعر و شاعری صرف تکیوں کے غلافوں پر پڑھ لیتے ہیں۔ جب شاعری آپ کو تکیوں کے غلافوں پر

پڑھنے کو مل جاتی ہے تو اس کے لیے شعرا کے دواوین الٹنے پلٹنے کی کیا ضرورت ہے؟" ان صاحب کے جواب سن کر ہمیں پہلی بار احساس ہوا کہ جس زبان میں شعر و شاعری کی بہتات ہوتی ہے اس کا یہی حشر ہوتا ہے۔ شاعری کا "پیمانۂ صبر" جب لبریز ہو جاتا ہے تو اشعار چھلک کر تکیوں پر گر جاتے ہیں، چادروں پر بکھر جاتے ہیں، لاریوں کی پیشانیوں پر چپک جاتے ہیں، رکشاؤں کی پیٹھ پر بیٹھ جاتے ہیں اور حد تو یہ ہے کہ دستر خوانوں تک کی زینت بن جاتے ہیں۔ کتنی ہی بار ایسا ہوا کہ ہم دستر خوان پر کھانا کھانے بیٹھے ہیں کہ اچانک دستر خوان پر چنے ہوئے کسی شعر نے ہمیں چونکا دیا۔ اور ہم کھانا کھانے کی بجائے سر دھنتے رہ گئے۔ بعض سخن فہم حضرات تو ایسے بھی ہوتے ہیں جو دستر خوانوں پر فارسی میں اشعار لکھواتے ہیں، جیسے

شکر بجا آر کہ مہمانِ تو

روزیٔ خود می خورد از خوانِ تو

نتیجہ ان فارسی اشعار کی اشاعت کا یہ ہوتا ہے کہ مہمان کھانا کم کھاتے ہیں اور شعر کے معنی و مفہوم کو سمجھنے کی کوشش زیادہ کرتے ہیں اور جب وہ معنی و مفہوم کے چکر سے آزاد ہوتے ہیں تو پتہ چلتا ہے کہ میزبان نے سارا کھانا خود ہی کھا لیا ہے۔

دستر خوانوں کے اشعار کی بات چھوڑیے، کیوں کہ اب ہم دستر خوانوں پر چنی جانے والی اشیائے خورد و نوش میں مختلف ملاوٹوں کے علاوہ اشعار کی ملاوٹ کے بھی عادی ہو گئے ہیں لیکن یاں بات تکیوں اور ان کے کلام کی چل رہی ہے۔ ہم نے ایسے معرکتہ الآرا شعر تکیوں پر دیکھے ہیں کہ اگر کوئی ان تکیوں پر سو جائے تو پھر زندگی بھر ان تکیوں پر سے اٹھنے کا نام نہ لے۔

ہمیں ایک بار سفر پر جانے کا اتفاق ہوا۔ ایک شناسا کے ہاں مہمان ٹھہرے۔ چونکہ

ہم حسبِ روایت بستر اپنے ساتھ نہیں لے گئے تھے اس لیے میزبان نے ہمارے بستر کا انتظام کیا۔ اب جو ہم بستر پر پہنچے تو کیا دیکھتے ہیں کہ تکیہ پر نہایت جلی حروف میں یہ شعر لکھا ہوا ہے،

کسی کے حسن کا جادو بسا ہے تکیہ میں
جہانِ عارض و گیسو بسا ہے تکیہ میں

اب آپ سے کیا بتائیں کہ ہمارے حق میں یہ بستر، بسترِ مرگ ثابت ہوا۔ رات بھر کروٹیں بدلتے رہے، اختر شماری تک کرتے رہے۔ ہر بار یہی سوچتے رہے کہ آخر تکیہ میں کس کے حسن کا جادو بسا ہے، آخر وہ کون مہ جبین ہے جس کا جہانِ عارض و گیسو اس تکیہ میں پنہاں ہے۔ بار بار تکیہ کو اُلٹ پلٹ کر دیکھا۔ اس تکیہ نے ہم میں وہ سارے آثار پیدا کر دیے جو آغاز عشق کے لیے ضروری سمجھے جاتے ہیں۔ وفورِ عشق نے اتنا سر اٹھایا کہ ہم بار بار تکیہ پر اپنا سر پٹختے رہے۔ بالآخر ہم نے فیصلہ کیا کہ صبح ہو گی تو ہم اس نازنین کو ضرور دیکھیں گے جس کے حسن کا جادو اس تکیہ کے توسط سے ہمارے سر چڑھ کر بولنے لگا تھا۔

صبح ہوئی تو ہم نے چوری چھپے اس نازنین کو دیکھ ہی لیا۔ اس نازنین کے ڈیل ڈول اور وضع قطع کو دیکھنے کے بعد ہم اس نتیجہ پر پہنچے کہ محترمہ کو یہ شعر تکیہ پر نہیں، گاؤ تکیہ پر لکھنا چاہئے تھا۔ کیوں کہ ان کے حسن کا "سمبل" صرف گاؤ تکیہ ہی ہو سکتا تھا۔

اس واقعہ کے بعد تکیہ کے اشعار پر سے نہ صرف ہمارا یقان اٹھ گیا بلکہ جب بھی کوئی منظوم تکیہ ہمارے سر کے نیچے آیا تو ہم نے چپکے سے اس کا غلاف اتار لیا کہ کون اپنی نیند حرام کرے۔ آپ نے تکیوں کے وہ اشعار ضرور پڑھے ہوں گے جن پر سو کر آپ نہایت ڈراؤنے خواب دیکھنے لگتے ہیں۔ مثال کے طور پر چند اشعار ملاحظہ ہوں۔

کونین تک سمیٹ لیے ہیں غلاف میں

ٹکڑے جگر کے ٹانک دیے ہیں غلاف میں
خواب ہائے دل نشیں کا اِک جہاں آباد ہو
تکیہ جنت بھی اٹھالائے اگر ارشاد ہو
چمن در چمن ہے غلاف آیئے تو
ذرا اس پہ آرام فرمایئے تو
غنچہ ہائے دل کھلے، سر رکھ کے گستاخی معاف
گلشنِ امید کے سب پھول چن لایا غلاف

غور فرمایئے کہ ان اشعار پر کیا آپ "تکیہ" کر سکتے ہیں؟ گویا تکیہ نہ ہوا، الہٰ دین کا چراغ ہوا کہ کونین تک اس میں سمٹ کر آ گئے۔

ہمیں یاد ہے کہ ہمارے ایک دوست کو ادھورے خواب دیکھنے کی بیماری تھی، وہ تھوڑا سا خواب دیکھتے کہ بجلی فیل ہو جاتی اور وہ نیند سے چونک پڑتے۔ ایک دن ہم سے بولے : "بھئی! عجیب بات ہے کہ مجھے ادھورے خواب نظر آتے ہیں۔ آخر پورے خواب کیوں نظر نہیں آتے۔ میں خوابوں کے "ٹریلر" دیکھتے دیکھتے عاجز آگیا ہوں۔" ہم نے ان کے بستر کا معائنہ کیا تو دیکھا کہ تکیہ پر ایسا شعر لکھا ہوا ہے جو "بحر" سے خارج ہے۔ اس پر ہم نے کہا،

"بھئی! اس کا اصل راز یہ ہے کہ تم ایسے تکیہ پر سوتے ہو جس پر بے بحر شعر لکھا ہوا ہے اور اس تکیہ کی کرامت سے تمہارے خواب بھی بحر سے خارج ہو جاتے ہیں۔ اس شعر کو بدلو تو تمہارے خوابوں کی صحت بھی بہتر ہو جائے گی۔"

یہ تو ایک معمولی سا واقعہ ہے۔ ہمارے ایک اور دوست کا قصہ ہے کہ انہیں عرصہ سے بلڈ پریشر کی شکایت تھی۔ جب وہ بستر پر سو جاتے تو ان کا بلڈ پریشر آسمان سے باتیں

کرنے لگتا۔ جب ایلوپیتھی علاج سے فائدہ نہ ہوا تو ایک حکیم صاحب کی خدمات حاصل کیں۔ حکیم صاحب نے ان کا بغور معائنہ کیا۔ زبان اتنی بار باہر نکلوائی کہ وہ ہانپنے لگے۔ مگر اسی اثناء میں حکیم صاحب کی نظر تکیہ پر پڑی اور وہ تکیہ کی جانب لپکے، شعر کو غور سے پڑا اور تنک کر بولے:

"اس تکیہ کو ابھی یہاں سے ہٹایئے۔ بلڈ پریشر کی اصل جڑ تو یہ تکیہ ہے۔ واہ صاحب واہ! کمال کر دیا آپ نے۔ آپ کو بلڈ پریشر کی شکایت ہے اور آپ نے شاعرِ انقلاب حضرت جوشؔ ملیح آبادی کا شعر تکیہ پر طبع کر وار کھا ہے۔ جانتے ہو جوشؔ کی شاعری میں کتنا جوش ہوتا ہے۔ جوشؔ کے شعر پر آپ سو جائیں گے تو دورانِ خون نہیں بڑھے گا تو اور کیا ہوگا؟ اس تکیہ کو اسی وقت یہاں سے ہٹایئے۔ خبر دار جو آئندہ سے آپ نے جوشؔ کے تکیہ پر سر رکھا۔ اگر شعروں پر سونا ایسا ہی ضروری ہے تو داغؔ کے غلاف پر سو جایئے، جگرؔ کے غلاف کو اپنے سر کے نیچے رکھیے۔ ان شعرا کا کلام آپ کے بلڈ پریشر کو کم کر دے گا۔ آپ کو فرحت ملے گی، بھوک زیادہ لگے گی آپ کے جسم میں خون کی مقدار میں اضافہ ہوگا وغیرہ وغیرہ۔"

حکیم صاحب کے اس مشورے کے بعد ہمارے دوست نے نہ صرف "جوشؔ کا غلاف" بدل دیا بلکہ اب وہ جوشؔ کے کلام کو ہاتھ لگاتے ہوئے بھی خوف محسوس کرتے ہیں کہ کہیں پھر بلڈ پریشر کا عارضہ لاحق نہ ہو جائے۔

لیکن تکیوں کے کلام کی ایک افادیت بھی ہوتی ہے جس کا راز صرف اہل دل ہی جانتے ہیں۔ یہ کوئی مبالغہ نہیں کہ ایک اہل دل کی شادی صرف تکیوں کے اشعار کے باعث ہوئی تھی۔ ہوا یوں تھا کہ یہ صاحب کہیں مہمان بن کر گئے ہوئے تھے۔ رات میں میزبان کے گھر میں سے ان کے لیے جب بستر آیا تو اس میں ایک تکیہ بھی تھا، جس پر یہ

شعر لکھا ہوا تھا،

شمیمِ طرّہ گیسوئے یار لایا ہوں
میں اپنے ساتھ چمن کی بہار لایا ہوں

آدمی چونکہ ہوشیار تھے، اس لیے اس غلاف کا مطلب سمجھ گئے۔

دوسرے دن بازار گئے اور ایک ریڈی میڈ غلاف خرید لائے، جس پر یہ شعر لکھا ہوا تھا،

اٹھا تو سر پٹک دیا تکیہ پہ بار بار
شب بھر گواہ، یہ بھی مرے دردِ دل کا تھا

انہوں نے چپکے سے تکیہ کا پرانا غلاف اتارا اور نیا غلاف اس پر چڑھا دیا۔ اب یہ تکیہ ان کا پیام لے کر اندر واپس ہوا۔ نہ جانے اس شعر نے کیا قیامت مچائی۔ شام میں جب پھر تکیہ واپس ہوا تو اس پر ایک نیا شعر لکھا ہوا تھا،

مرا جذبِ دل مرے کام آرہا ہے
اب ان کی طرف سے پیام آرہا ہے

دوسرے دن، ان صاحب نے یہ غلاف بھی اتار لیا اور پھر ایک طبع زاد غلاف چڑھا دیا،

رات بھر دیدۂ نمناک میں لہراتے رہے
سانس کی طرح سے آپ آتے رہے جاتے رہے

غرض اس "تکیہ بردار" عشق نے وہ جوش مارا کہ سلام و پیام کا سلسلہ بڑھتا رہا اور بالآخر ان دونوں کی شادی ہوگئی۔ چنانچہ اب یہ دونوں ایک ہی شعر پر تکیہ کر رہے ہیں۔ لیکن اب ان تکیوں کے اشعار کی ماہیت تبدیل ہوگئی ہے۔ چنانچہ ہم نے پرسوں ان کی

خواب گاہ میں جو تازہ تکیہ دیکھا تھا اس پر یہ شعر درج تھا،

اس سیہ بخت کی راتیں بھی کوئی راتیں ہیں
خوابِ راحت بھی جسے خوابِ پریشاں ہو جائے

یہ تو خیر عام آدمیوں کے تکیوں کی بات تھی۔ اگر آپ دانشوروں کے تکیوں کو دیکھیں گے تو یقیناً دنگ رہ جائیں گے۔ ان کے تکیوں پر ایسے صوفیانہ اور فلسفیانہ اشعار لکھے جاتے ہیں کہ اچھا خاصا آدمی بھی فلسفی بننے کی کوشش کر بیٹھتا ہے۔ مثلاً ایک دانشور نے اپنے تکیہ پر یہ شعر لکھ رکھا تھا،

موت کا ایک دن معین ہے
نیند کیوں رات بھر نہیں آتی

سچ پوچھیے تو اس تکیہ پر کوئی عام آدمی سو ہی نہیں سکتا۔ ایسے فلسفیانہ شعر پر تو صرف ایک دانش مند ہی سو سکتا ہے اور اسی کو ایسے فلسفیانہ تکیے زیب دیتے ہیں۔

آیئے، اب ان شعرا کے تکیوں کی بات ہو جائے جن کے لیے شاعری اوڑھنا بچھونا ہوتی ہے۔ یعنی ان کے تکیوں پر شعر ہوتے ہیں۔ حد ہو گئی کہ ہم نے ایک شاعری کی مچھر دانی پر بھی شعروں کا جنگل اگا ہوا دیکھا۔ ہم نے ایک شاعر کے گھر میں ایک منظوم تکیہ دیکھا جس پر یہ شعر درج تھا،

یار سوتا ہے بصد ناز بصد رعنائی
محوِ نظارہ ہوں بیدار کروں یا نہ کروں

ہم نے اس شعر کو پڑھ کر کہا: "بھئی واہ کیا خوب شعر کہا ہے، کس کا شعر ہے؟"

ہمارے سوال کو سن کر ان کا چہرہ تمتما اٹھا اور بولے: "معاف کیجیے، میں کسی دوسرے کے کلام پر تکیہ نہیں کرتا۔ یہ شعر میرا ذاتی ہے اور یہ بات میری خودداری کے

خلاف ہے کہ میں دوسروں کے اشعار پر سو جاؤں۔ آپ مجھے کیا سمجھتے ہیں۔ بھلا یہ بھی کوئی بات ہوئی کہ کوئی شاعر اپنے تکیہ پر میرؔ کے تکیہ کا شعر لکھ مارے،

سرہانے میرؔ کے آہستہ بولو
ابھی ٹک روتے روتے سو گیا ہے

ہم نے ان کے غصہ کو تاڑ کر معافی مانگ لی اور چپ ہو رہے۔ بعد میں ان کے گھر کی اشیاء پر جو نظر ڈالی تو ہر شے شعر میں لت پت نظر آئی۔ پھر بہت دنوں بعد پتہ چلا کہ شاعر موصوف کی جو غزلیں مختلف رسالوں سے "ناقابلِ اشاعت" قرار پا کر واپس آتی ہیں، انہیں وہ اپنے گھر کی چادروں پر چھپوا دیتے ہیں، تکیوں کے غلافوں پر چڑھا دیتے ہیں اور میز پوشوں پر زیورِ طبع سے آراستہ کرتے ہیں۔ ہم تکیوں کے ذریعہ ادب کی ترقی کے ضرور قائل ہیں لیکن ہمیں یہ بات پسند نہیں کہ ناقابلِ اشاعت اشعار بھی تکیوں پر چھاپے جائیں۔ پھر جب ہماری شاعری میں نئے رجحانات آرہے ہوں تو تکیوں میں بھی نئے رجحانات کا آنا نہایت ضروری ہے۔ کیا ہی اچھا ہو کہ کوئی سخن فہم اپنے تکیہ پر آزاد نظم لکھوائے۔ اگر تکیہ اس نظم کو قبول کرنے میں تنگ دامنی کا شکوہ کرے تو اس نظم کو دو تین تکیوں پر شائع کیا جائے۔ مثلاً نظم کا ایک بند تو ایک تکیہ پر ہو اور اس کے نیچے یہ عبارت درج ہو،

"براہِ کرم تکیہ الٹیے۔"

اور تکیہ الٹنے پر بھی کام نہ بنے تو نیچے یہ عبارت لکھی جائے،

"باقی نظم ملاحظہ ہو گاؤ تکیہ نمبر (۱) پر۔"

اور گاؤ تکیہ بھی اس طوالت کو برداشت نہ کر سکے تو اس کے نیچے لکھا جائے،

"باقی نظم ملاحظہ ہو شطرنجی کلاں پر۔"

اور جب یہ نظم ختم ہو جائے تو اس کے نیچے 'غیر مطبوعہ' کے الفاظ کا بھی اضافہ کر دیا جائے۔

ہمیں یقین ہے کہ "منظوم تکیوں" کے شائقین اپنے تکیوں کو شاعری کے جدید رجحانات سے ہم آہنگ کرنے کی سعی فرمائیں گے۔

سب سے آخر میں ہم اس مضمون کے لیے ان خاتون کے تہہ دل سے ممنون ہیں جن سے ہم نے تکیوں کے چند اشعار مانگے تو انھوں نے اپنے نوکر کو ہمارے گھر بھیجا۔ اس نوکر نے آتے ہی ہم سے کہا،

"صاحب اپنے نوکر کو باہر بھیجیے تاکہ وہ تکیہ کے اشعار رکشہ میں سے اتار سکے۔"

ہم نے حیرت سے پوچھا، "تمہاری بیگم صاحبہ نے آخر اتنے اشعار کیوں بھیجے کہ انہیں رکشہ میں ڈال کر ہمارے یہاں لانا پڑا؟"

وہ بولا، "صاحب، آپ نے بیگم صاحبہ سے تکیہ کے اشعار مانگے تھے اور انھوں نے اپنے گھر کے سارے تکیے آپ کے پاس بھجوا دیے ہیں، آپ ان تکیوں کا مطالعہ کرنے کے بعد انہیں واپس بھیج دیجیے۔"

ہم اس دھوبی کے بھی شکر گزار ہیں جو گھاٹ پر کپڑے دھو رہا تھا۔ ہم نے اس دھوبی کو دیکھا کہ وہ ایک کپڑا پانی میں سے نکالتا ہے، اسے کھولتا ہے، پھر اپنی عینک آنکھوں پر لگاتا ہے، کپڑے پر کوئی عبارت پڑھتا ہے اور پھر اس کپڑے کو پتھر پر زور زور سے پٹخنے لگتا ہے۔ ہم نے اس کی اس حرکت کا بغور مشاہدہ کیا تو پتہ چلا کہ وہ بعض کپڑے تو زور سے پٹختا ہے اور بعض کپڑے نہایت آہستگی اور سلیقے سے دھوتا ہے۔

ہم نے پوچھا، "بھئی! تم بعض کپڑے زور سے پٹختے ہو اور بعض نہایت آہستگی سے۔ آخر یہ کیا راز ہے؟"

وہ بولا، "صاحب! یہ دراصل تکیہ کے غلاف ہیں اور میں تکیہ کے ہر غلاف کو دھونے سے پہلے اسے کھولتا ہوں اور اس پر لکھا ہوا شعر پڑھتا ہوں۔ اگر شعر مجھے پسند نہ آئے تو اس غلاف کو زور زور سے پتھر پر پٹختا ہوں، یعنی ادبی اصطلاح میں ہوٹنگ کرتا ہوں اور اگر اتفاق سے کوئی شعر پسند آئے تو نہایت سلیقے سے دھوتا ہوں کہ اچھا شعر ساری قوم کی امانت ہوتا ہے۔"

ہم اس ادب دوست دھوبی اور اس کے گدھے کے بھی، جو اُن اشعار کا بوجھ اپنی پیٹھ پر لادے پھرتا ہے، ممنون ہیں کہ اس نے بعض اچھے اشعار ہمیں فراہم کیے جو اس مضمون میں شامل نہیں ہیں۔

٭ ٭ ٭

دیمکوں کی ملکہ سے ایک ملاقات

ایک زمانہ تھا جب میرا زیادہ تر وقت لائبریریوں میں گذرتا تھا۔ لیکن جب میں نے دیکھا کہ سماج میں جہلا ترقی کرتے چلے جارہے ہیں اور اونچی اونچی کرسیوں پر قبضہ جما چکے ہیں تو میں نے سوچا کہ لعنت ہے ایسے علم پر جس سے علم کی پیاس تو بھلے ہی بجھ جائے لیکن پیٹ کی آگ نہ بجھنے پائے۔ ملک کی یونیورسٹی پر غصہ بھی آیا کہ اگر وہ علم کو پھیلانے کے بجائے جہالت کو ہی عام کرنے کا بیڑہ اٹھا لیتیں تو آج ملک نہ جانے کتنی ترقی کر لیتا۔ اس خیال کے آتے ہی میں نے لائبریریوں کو خیرباد کہا اور پھر کبھی ان کی طرف آنکھ اٹھا کر بھی نہ دیکھا۔ میں نے باہر آکر جہالت کے گر سیکھنے کی کوشش کی۔ یہاں تک کہ سیاستدانوں کی صحبتوں سے فیض یاب ہوا کہ یہ ہستیاں جہالت کا سرچشمہ ہوتی ہیں۔ لیکن یہ گر نہ آیا۔ کسی نے سچ کہا ہے کہ علم کی دولت آدمی کے پاس ایک بار آجاتی ہے تو پھر کبھی نہیں جاتی۔ میں نے لاکھ کوشش کی کہ اپنے اندر یہ جو علم کا افلاس ہے اسے کسی طرح باہر نکالوں اور اس کی جگہ جہالت کی دولت سے اپنے سارے وجود کو مالا مال کردوں مگر یہ کام نہ ہوسکا۔ یہ اور بات ہے کہ ایک عرصہ تک علم سے لگاتار اور مسلسل دور رہنے کی وجہ سے میں نے تھوڑی بہت ترقی کر لی ہے۔

مگر پچھلے دنوں بات کچھ یوں ہوئی کہ میں اپنے ایک دوست کے ساتھ کہیں جارہا تھا۔ راستہ میں اسے اچانک ایک ضروری کام یاد آگیا۔ اس نے کہا کہ وہ دو گھنٹوں میں واپس آجائے گا۔ تب تک میں یہیں اس کا انتظار کروں۔ سامنے ایک پارک تھا۔ سوچا کہ یہاں

وقت گذار لوں لیکن اس عمر میں نوجوانوں کی خوشگوار مصروفیتوں اور ناخوشگوار حرکتوں میں مخل ہونا پسند نہ آیا۔ سامنے ایک ہوٹل تھا جہاں نہایت اونچی آواز میں موسیقی کو بجا کر گاہکوں کو ہوٹل کے اندر آنے سے روکا جارہا تھا۔ اب وہ پرانی لائبریری ہی برابر میں رہ گئی تھی جس میں میں اپنے زمانہ جاہلیت میں نہایت پابندی سے جایا کرتا تھا۔ خیال آیا کہ چلو آج لائبریری میں چل کر دیکھتے ہیں کہ کس حال میں ہیں یارانِ وطن۔

افسوس ہوا کہ اب بھی وہاں کچھ لوگ علم کی دولت کو سمیٹنے میں مصروف تھے۔ چونکہ علم کی دولت چرائی نہیں جاسکتی۔ اسی لئے ایک صاحب ضروری علم کو حاصل کرنے کے بعد اپنے سارے گھوڑے بیچ کر کتاب پر سر رکھ کر سو رہے تھے۔ چاروں طرف کتابیں ہی کتابیں تھیں۔ بہت دنوں بعد لسان العصر حضرت شیکسپیئر، مصورِ فطرت علامہ ورڈ سورتھ، شمس العلماء تھامس ہارڈی، مصورِ غم جان کیٹس وغیرہ کی کتابوں کا دیدار کرنے کا موقع ملا۔ میں نے سوچا کہ ان کتابوں میں اب میرے لئے کیا رکھا ہے۔ کیوں نہ اردو کتابوں کی ورق گردانی کی جائے۔ چنانچہ جب میں لائبریری کے اردو سکشن میں داخل ہوا تو یوں لگا جیسے میں کسی بھوت بنگلہ میں داخل ہوگیا ہوں۔ میں خوفزدہ سا ہوگیا۔ لیکن ڈرتے ڈرتے میں نے گرد میں اٹی ہوئی 'کلیات میر' کھولی تو دیکھا کہ اس میں سے ایک موٹی تازی دیمک بھاگنے کی کوشش کررہی ہے۔ میں اسے مارنا ہی چاہتا تھا کہ اچانک دیمک نے کہا، "خبردار! جو مجھے ہاتھ لگایا تو۔ میں دیمکوں کی ملکہ ہوں۔ باادب باملاحظہ ہوشیار۔ ابھی ابھی محمد حسین آزاد کی 'آب حیات' کا خاتمہ کرکے یہاں پہنچی ہوں۔ جس نے 'آب حیات' پی رکھا ہو اسے تم کیا مارو گے۔ قاتل سے دبنے والے اے آسماں نہیں ہم۔"

دیمک کے منہ سے اردو کے مصرعہ کو سن کر میں بھونچکا سا رہ گیا۔ میں نے حیرت سے کہا، "تم تو بہت اچھی اردو بول لیتی ہو بلکہ اردو شعروں پر بھی ہاتھ صاف کرلیتی ہو۔"

بولی، "اب تو اردو ادب ہی میرا اوڑھنا بچھونا اور کھانا پینا بن گیا ہے۔"
پوچھا، "کیا اردو زبان تمہیں بہت پسند ہے؟"
بولی، "پسند نا پسند کا کیا سوال پیدا ہوتا ہے۔ زندگی میں سب سے بڑی اہمیت آرام اور سکون کی ہوتی ہے جو یہاں مجھے مل جاتا ہے۔ تم جس سماج میں رہتے ہو وہاں آرام، سکون اور شانتی کا دور دور تک کہیں کوئی پتہ نہیں ہے۔ امن و امان کی تلاش میں مارے مارے پھرتے ہو۔ اب اگر میں یہاں آرام سے رہنے لگی ہوں تو تمہیں کیوں تکلیف ہو رہی ہے۔"
میں نے پوچھا، "لیکن تمہیں یہاں سکون کس طرح مل جاتا ہے؟"
بولی، "ان کتابوں کو پڑھنے کے لئے اب یہاں کوئی آتا ہی نہیں ہے۔ مجھے تو یوں لگتا ہے جیسے یہ ساری کتابیں میرے لئے فوڈ کارپوریشن آف انڈیا کا درجہ رکھتی ہیں۔ مجھے تو یقین ہے کہ تم جو اب یہاں آئے ہو تو تم بھی کتابیں پڑھنے کے لئے نہیں آئے ہو۔ کہیں تم خود مصنف تو نہیں ہو؟"
میں نے حیرت سے پوچھا، "تم نے کیسے پہچانا کہ میں مصنف ہوں۔"
بولی، "میں تمہیں جانتی ہوں۔ ایک رسالہ کی ورق نوشی کرتے ہوئے میں نے تمہاری تصویر دیکھی تھی بلکہ تھوڑی سی تصویر کھائی بھی تھی۔ ایک دم بدذائقہ اور کڑوی کسیلی نکلی۔ حالانکہ وہ تمہاری جوانی کی تصویر تھی۔ پھر بھی اتنی کڑوی کہ کئی دنوں تک منہ کا مزہ خراب رہا۔ میں تو بڑی مشکل سے صرف تمہاری آنکھیں ہی کھا سکی تھی کیونکہ تمہارے چہرے میں کھانے کے لیے ہے ہی کیا۔ تم اردو کے مصنفوں میں یہی تو خرابی ہے کہ تصویریں ہمیشہ اپنی نوجوانی کی چھپواتے ہو اور تحریریں بچوں کی سی لکھتے ہو۔ اور ہاں خوب یاد آیا تم نے کبھی سرسید احمد خان کو بغیر داڑھی کے دیکھا ہے؟ نہیں دیکھا تو

'آثارالصنادید' کی وہ جلد دیکھ لو جو سامنے پڑی ہے۔ ایک دن خیال آیا کہ سر سید داڑھی اور اپنی مخصوص ٹوپی کے بغیر کیسے لگتے ہوں گے۔ اس خیال کے آتے ہی میں نے بڑے جتن کے ساتھ سر سید احمد خان کی ساری داڑھی نہایت احتیاط سے کھالی۔ پھر ٹوپی کا صفایا کیا۔ اب جو سر سید احمد خان کی تصویر دیکھی تو معاملہ وہی تھا۔ قیس تصویر کے پردے میں بھی عریاں نکلا۔ اب یہ تصویر میرے آرٹ کا ایک نادر نمونہ ہے۔ مجھے تصویروں میں مسکراہٹیں بہت پسند آتی ہیں۔ مونالیزا کی مسکراہٹ تو اتنی کھائی کہ کئی بار بد ہضمی ہوگئی۔ زمانے کو اس کی مسکراہٹ آج تک سمجھ میں نہیں آئی۔ مجھے اس کا ذائقہ سمجھ میں نہیں آیا۔ عجیب کھٹ میٹھا سا ذائقہ ہے۔ کھاتے جاؤ تو بس کھاتے ہی چلے جاؤ۔ پیٹ بھلے ہی بھر جائے لیکن نیت نہیں بھرتی۔"

میں نے کہا، "تم تو آرٹ کے بارے میں بھی بہت کچھ جانتی ہو۔"

بولی، "جب آدمی کا پیٹ بھرا ہو تو وہ آرٹ اور کلچر کی طرف راغب ہوتا ہے۔ میں نے دیکھا ہے کہ کیڑوں مکوڑوں کا پیٹ بھر جائے تو وہ بھی یہی کرتے ہیں۔ تب احساس ہوا کہ انسانوں اور کیڑوں مکوڑوں میں کوئی زیادہ فرق نہیں ہے۔ خیر اب تو تم لوگ بھی اپنی زندگی حشرات الارض کی طرح ہی گزار رہے ہو۔"

میں نے کہا، "اب جب کہ تم نے خاصے اردو ادب کو چاٹ لیا ہے تو یہ بتاؤ یہ تمہیں کیسے لگتا ہے؟"

بولی، "شروع شروع میں یہ میرے پلے نہیں پڑا تھا۔ بڑا ریاض کیا۔ متقدمین کے دیوان چاٹے۔ مشکل یہ ہوئی کہ میں نے سب سے پہلے 'دیوانِ غالب' پر ہاتھ صاف کرنے کی کوشش کی۔ خاک سمجھ میں نہ آیا۔ لہٰذا مولوی اسماعیل میرٹھی کی آسان اور زود ہضم نظمیں پہلے نوشِ جان لیں۔ پھر وہ کیا کہتے ہیں آپ کے مفلر والے شاعر، وہی جو پانی پت

میں رہتے تھے مگر وہاں کی جنگوں میں شریک نہیں تھے۔ ارے اپنے وہی مولانا حالی۔ ان کی نصیحت آمیز شاعری پڑھی۔ شاعری کم کرتے تھے نصیحت زیادہ کرتے تھے۔ وہ تو اچھا ہوا کہ تم لوگوں نے ان کی نصیحتوں پر عمل نہیں کیا۔ اگر کیا ہوتا تو آج تمہارے گلے میں بھی روایات کا ایک بوسیدہ سا مفلر ہوتا۔ اب تو خیر سے سارا ہی اردو ادب میری مٹھی میں ہے۔ سب کو چاٹ چکی ہوں۔ ایک بار غلطی سے جوش ملیح آبادی کی ایک رباعی چاٹ لی طبیعت میں ایسا بھونچال آیا کہ سارا وجود آپے سے باہر ہونے لگا۔ اس کے اثر کو زائل کرنے کے لئے چاروناچار، جاں نثار اختر کی گھر آنگن والی شاعری چاٹنی پڑی۔

ویسے تو میں نے دنیا کی کم وبیش ساری زبانوں کی کتابیں چاٹ لی ہیں لیکن اردو شاعروں میں ہی یہ وصف دیکھا ہے کہ اپنے معشوق کو کبھی چین سے بیٹھنے نہیں دیتے۔ کوئی معشوق کے گیسو سنوارنا چاہتا ہے تو کوئی انہیں بکھیر دینا چاہتا ہے۔ کوئی وصل کا طالب ہے تو کوئی ہجر کی لذتوں میں سرشار رہنا چاہتا ہے۔ کوئی معشوق کو کوٹھے پر بلانے کا قائل ہے تو کوئی اس کا دیدار بھی یوں کرنا چاہتا ہے جیسے چوری کر رہا ہو۔ تم لوگ آخر معشوق سے چاہتے کیا ہو۔ اسے ہزار طرح پریشان کیوں کرتے ہو۔ اردو شاعری میں معشوق خود شاعر سے کہیں زیادہ مصروف نظر آتا ہے۔ یہ بات کسی اور زبان کے معشوق میں نظر نہیں آئی۔ اردو شاعروں کا عشق بھی عجیب وغریب ہے۔ عشق کرنا ہو تو سیدھے سیدھے عشق کرو بھائی۔ کس نے کہا ہے تم سے کہ معشوق کی یاد آئے تو آسمان کی طرف دیکھ کر تارے گنتے رہو۔ اس کی یاد نے زور مارا تو اپنا گریبان پھاڑنے کے لئے بیٹھ جاؤ۔ معلوم ہے کپڑا کتنا مہنگا ہو گیا ہے۔ سیدھے سیدھے معشوق کے پاس جاتے کیوں نہیں۔ اپنے دل کا مدعا بیان کیوں نہیں کرتے۔ عاشق، بزدل اور ڈرپوک ہو تو ایسے ہی چونچلے کر کے اپنے دل کو بہلاتا رہتا ہے۔"

میں نے کہا،"اردوادب پر تو تمہاری گہری نظر ہے۔"

بولی،"اب جو کوئی اس کی طرف نظر اٹھا کر دیکھتا ہی نہیں تو سوچا کہ کیوں نہ میں ہی نظر رکھ لوں۔"

پوچھا،"داغ دہلوی کے کلام کے بارے میں تمہارا کیا خیال ہے؟"

بولی،"ان کا کلام گانے کے چکر میں اچھی خاصی بیبیاں طوائفیں بن گئیں۔ مجھے تو طبلہ اور سارنگی کے بغیر ان کا کلام سمجھ میں ہی نہیں آتا۔"

پوچھا،"اور ہمارے فانی بدایونی؟"

بولی،"ان کے غم پر بے پناہ ہنسی آتی ہے۔ عجیب مضحکہ خیز غم ہے۔"

"اور مولانا آزاد؟"

بولی، "زندگی بھر ٹھاٹ سے عربی لکھتے رہے اور لوگ اسے اردو سمجھ کر پڑھتے رہے۔ عربی کے کسی ادیب کو اردو میں شاید ہی اتنی شہرت ملی ہو۔"

میں نے کہا،"یہ بتاؤ تمہیں اردو کی کتابیں کیسی لگتی ہیں؟"

بولی،"تمہارا جو ادب لیتھو گرافی کے ذریعہ چھپا ہے اسے کھاؤ تو یوں لگتا ہے جیسے باسی روٹی کے ٹکڑے چبا رہی ہوں۔ پھر جگہ جگہ کتابت کی غلطیاں کباب میں ہڈی کی طرح چلی آتی ہیں۔ لیکن جو کتابیں اردو اکیڈمیوں کے جزوی مالی تعاون کے ذریعے چھپنے لگی ہیں وہ بہت لذیذ ہوتی ہیں۔ میں تو جزوی امداد کی چاٹ میں کل کتاب ہی کو کھا جاتی ہوں۔ ان میں ادب ہو یا نہ ہو کھانے میں لذیذ ہوتی ہیں کیونکہ مفت خوری میں جو مزہ ہے وہ محنت کی کمائی میں کہاں۔ اعزازی زندگی گذارنے کی شان ہی جداگانہ ہوتی ہے۔ ہاں ایک بات اور، اردو کا مصنف اور شاعر اپنی کتابوں کے دیباچوں میں بات بات پر اس قدر شکریے کیوں ادا کرتا ہے۔ پبلیشر اور سرپرستوں وغیرہ کا شکریہ تو خیر پھر بھی برداشت کیا جا سکتا

ہے لیکن اردو کا مصنف اس سائیکل رکشا والے کا بھی شکریہ ادا کرنے پر مجبور نظر آتا ہے جس میں بیٹھ کر وہ کتاب کی پروف ریڈنگ کرنے جایا کرتا تھا۔ اس کا شکریہ ادا کرنے سے تو یہی گمان ہوتا ہے کہ اردو کا مصنف سائیکل رکشا والے کو کرایہ ادا نہیں کرتا۔ تبھی تو اتنا گڑگڑا کر اور ہاتھ جوڑ جوڑ کر ممنون ہوتا رہتا ہے۔ میں نے تو یہاں تک دیکھا کہ ایک شاعر نے اپنے مجموعہ کلام کی اشاعت کے لئے چمڑے کے ایک بیوپاری کا یوں شکریہ ادا کیا تھا جیسے چمڑے کا یہ بیوپاری نہ ہوتا تو اردو ادب دربدر ٹھوکریں کھاتا پھرتا اور وہ بھی ننگے پاؤں۔ بھیا چمڑے کا کاروبار اور چمڑی کا کاروبار دو الگ الگ چیزیں ہیں۔ تم اپنی شاعری میں چمڑی کا کاروبار کرتے ہو۔ پھر چمڑے کے بیوپاری کو اس کی ساری خباثتوں کے ساتھ ادب میں کیوں لے آتے ہو؟"

میں نے کہا، "کیا تم یہ چاہتی ہو کہ اردو کے ادیب اور شاعر کسی کا شکریہ نہ ادا کریں؟"

بولی، "شکریہ ادا کرنا اچھی بات ہے لیکن اصل میں جس کا شکریہ ادا ہونا چاہئے اس کا تو ادا کرو۔"

میں نے پوچھا، "مثلاً کس کا؟"

شرما کر بولی، "مجھے کہتے ہوئے لاج سی آتی ہے۔ اردو کے ادیبوں اور شاعروں کو تو اب میرے سوا کسی اور کا شکریہ ادا نہیں کرنا چاہئے کیونکہ بالآخر اب میں ہی ان کی کتابوں میں پائی جاتی ہوں، ورنہ انہیں پوچھتا کون ہے؟"

دیمکوں کی ملکہ کی بات بالکل سچی تھی۔ میں نے گھبرا کر کہا، "تم بالکل ٹھیک کہتی ہو۔ اگلی بار اگر میری کوئی کتاب چھپی تو اس میں تمہارا شکریہ ضرور ادا کروں گا۔"

ہنس کر بولی، "اتنی ساری بات چیت کے بعد بھی تم اپنی کتاب چھپواؤ گے۔ بڑے

بے شرم اور ڈھیٹ ہو۔ مرضی تمہاری۔ ویسے میرا شکریہ ادا کرنے کے بجائے کتاب ہی میرے نام معنون کر دو تو کیسا رہے گا۔"

یہ کہہ کر دیمکوں کی ملکہ 'کلیات میر' کی گہرائیوں میں کہیں گم ہوگئی اور میں لائبریری سے بالکل نکل آیا۔

٭٭٭

سوئز بینک میں کھاتہ ہمارا

حضرات! میں کسی مجبوری اور دباؤ کے بغیر اور پورے ہوش و حواس کے ساتھ یہ اعلان کرنا چاہتا ہوں کہ سوئٹزرلینڈ کے ایک بینک میں میرا اکاؤنٹ موجود ہے۔ آپ اس بات کو نہیں مانتے تو نہ مانئے۔ میری بیوی بھی پہلے اس بات کو نہیں مانتی تھی۔ اب نہ صرف اس بات کو مان رہی ہے بلکہ مجھے بھی ماننے لگی ہے۔ آپ یقیناً یہ سوچ رہے ہوں گے کہ جب سارے لوگ اپنے کھاتوں کو پوشیدہ رکھنے کے سو سو جتن کر رہے ہیں تو ایسے میں مجھے اپنے آپ ہی اپنے کھاتے کی موجودگی کا اعلان کرنے کی ضرورت کیوں پیش آرہی ہے۔ ایک دن میں دفتر سے بے حد تھکا ماندہ گھر پہنچا تو بیوی نے کہا، "آپ جو اتنا تھک جاتے ہیں تو اس کا مطلب یہ ہے کہ آپ دفتر میں کام بھی کرتے ہیں۔"

میں نے کہا، "بھلا یہ بھی کوئی پوچھنے کی بات ہے۔ آدمی کام کرنے سے ہی تو تھکتا ہے۔ یہی وجہ ہے کہ آج تک میں نے کسی سیاستدان اور مولوی کو تھکا ماندہ نہیں پایا۔"

بولی، "آدمی محنت کرتا ہے تو پھر اسے اس کا صلہ بھی ملتا ہے۔ تم جو اتنی محنت کرتے ہو تو تمہیں کیا مل رہا ہے؟"

ظاہر ہے کہ اس مشکل سوال کا آسان جواب جب ملک کے ماہرین معاشیات کے پاس بھی نہیں ہے تو میں کیا خاک جواب دیتا۔ سو میں خاموش ہو گیا۔ میں نے سوچا کہ تیس برس کی رفاقت میں، میں نے اپنی بیوی کو روز کی خوشیاں اسی روز دینے کے سوائے اور کیا کیا ہے۔ اس کی جھولی میں ایک ایک دن اور ایک ایک پل کو جوڑ کر جمع کیا ہوا تیس

برسوں کے عرصہ پر پھیلا ہوا ماضی تو ہے لیکن آنے والے کل کا کوئی ایسا لمحہ نہیں ہے جسے عام زبان میں خوش آئند مستقبل کہتے ہیں۔ میں نے سوچا آج اسے تھوڑا سا مستقبل بھی دے دیتے ہیں۔ للہذا میں نے کہا، "یہ تم کیا محنت اور صلہ کے پیچھے حیران ہو رہی ہو۔ آج میں تمہیں ایک خوش خبری سنانا چاہتا ہوں کہ سوئٹزر لینڈ کے ایک بینک میں میرا اکاؤنٹ موجود ہے۔" یہ سنتے ہی میری بیوی کا منہ حیرت سے کھلا کا کھلا رہ گیا۔ بڑی دیر بعد جب وہ بند ہوا تو اس نے اچانک گھر کے دروازے اور کھڑکیاں بند کرنی شروع کر دیں۔

میں نے کہا، "یہ کیا کر رہی ہو؟"

بولی، "سوئٹزر لینڈ کے بینک کے کھاتے کی بات کوئی یوں کھلم کھلا کرتا ہے۔ اگر بفرضِ محال سوئٹزر لینڈ کے کسی بینک میں تمہارا کھاتہ ہے بھی تو تمہیں اس کا اعلان کرنے کی کیا ضرورت ہے۔ اگر مجھے اس کھاتے کا سراغ لگانا ہو تو میں کسی خفیہ ایجنسی کے ذریعے اس کا پتہ لگا سکتی ہوں یا پھر ایک دن ملک کے کسی اخبار میں خود بخود اس کی خبر چھپ جائے گی۔ مگر پہلے یہ بتاؤ کیا سچ مچ سوئٹزر لینڈ کے بینک میں تمہارا کھاتہ موجود ہے؟"

میں نے کہا، "سچ بتاؤ! آج تک میں نے تم سے کبھی جھوٹ کہا ہے؟"

بولی، "سو تو ہے مگر یہ کھاتہ تم نے کھولا کب؟"

میں نے کہا، "چار سال پہلے جب میں یوروپ گیا تھا؟"

میرے اس جواب نے میری بیوی کو اور بھی حیرت میں ڈال دیا کیونکہ اسے پتہ تھا کہ جب میں یوروپ کے لئے روانہ ہوا تھا تو میری جیب میں صرف بیس ڈالر تھے۔ اگرچہ حکومت نے مجھے اجازت دی تھی کہ اگر میں بیرونی زرِ مبادلہ حاصل کرنا چاہوں تو پانچ سو ڈالر تک خرید سکتا ہوں۔ لیکن بیرونی کرنسی خریدنے کے لئے پہلے مجھے ہندوستانی کرنسی کی ضرورت تھی۔ بیرونی کرنسی تو مجھے مل رہی تھی لیکن اصل سوال ہندوستانی کرنسی کا

تھا۔ یہ تو آپ جانتے ہیں کہ ہندوستان میں رہ کر ہندوستانی کرنسی کو حاصل کرنا کتنا مشکل کام ہے۔ اتنے میں میری بیوی دنیا کا نقشہ اٹھا کر لے آئی اور بولی، "ذرا دکھاؤ تو سہی۔ یہ مواسوئٹزرلینڈ ہے کہاں؟ اور اس میں ہمارا اکاؤنٹ کہاں رکھا ہوا ہے؟"

میں نے دنیا کے نقشہ میں اسے سوئٹزرلینڈ کو دکھانے کی کوشش شروع کردی۔ لیکن کمبخت سوئٹزرلینڈ اتنا چھوٹا نکلا کہ اس پر جب انگلی رکھتا تو پورے کا پورا سوئٹزرلینڈ غائب ہو جاتا تھا۔ بالآخر قلم کی نوک سے سوئٹزرلینڈ کے حدودِ اربعہ اس پر واضح کیئے تو بولی، "یہ تو اتنا چھوٹا ہے کہ اس میں کسی بینک کی عمارت شاید ہی سما سکے۔ ہمارے بینک اکاؤنٹ کے سمانے کا نمبر تو بعد میں آئے گا۔"

میں نے کہا، "تم ٹھیک کہتی ہو۔ مجھے یاد ہے کہ میں اپنے دوست کے ساتھ جنوبی فرانس کے راستہ سے بذریعہ موٹر سوئٹزرلینڈ میں داخل ہوا تھا۔ اس ملک کا اتنا ذکر سنا تھا سوچا کہ ذرا اس ملک کے اندر پہنچ کر اس کا دیدار کر لیتے ہیں۔ میرا دوست موٹر تیز چلاتا ہے۔ تھوڑی دیر بعد سڑک پر کچھ سپاہیوں نے ہمیں روک لیا اور پوچھا، "کہاں کا ارادہ ہے؟"

عرض کیا، "اک ذرا سوئٹزرلینڈ تک جانے کا ارادہ ہے۔"

سپاہیوں نے کہا، "قبلہ! آپ جہاں جانا چاہتے ہیں وہاں سے واپس جا رہے ہیں۔"

چاروناچار ہمیں پھر سوئٹزرلینڈ میں واپس ہونا پڑا اور موٹر کی رفتار دھیمی کرنی پڑی کہ کہیں ہم تیز رفتاری میں کسی اور ملک میں نہ نکل جائیں۔ بیوی نے کہا، "مگر تم تو سوئٹزرلینڈ سیر سپاٹے کے لئے گئے تھے۔ وہاں کے قدرتی مناظر کو دیکھنے گئے تھے۔ یہ انکاؤنٹ کھولنے والا معاملہ کب ظہور میں آیا؟"

میں نے کہا، "بیگم! کان کھول کر سن لو۔ یہ پہاڑ اور قدرتی مناظر سب بہانے بنانے

کی باتیں ہیں۔ آج تک کوئی سوئٹزر لینڈ میں صرف پہاڑ دیکھنے کے لئے نہیں گیا۔ پہاڑ کی آڑ میں وہ کچھ اور کرنے جاتا ہے۔ سوئٹزر لینڈ کے پہاڑ اس لئے اچھے لگتے ہیں کہ ان کے دامن میں سوئٹزر لینڈ کے وہ مشہور و معروف بینک ہیں جن میں اپنا پیشہ جمع کراؤ تو پیسہ جمع کرنے والے کی بیوی تک کو معلوم نہیں ہوتا کہ اس میں اس کے شوہر کا پیسہ جمع ہے۔ ایک صاحب کہہ رہے تھے کہ بعض صورتوں میں تو خود بینک کے انتظامیہ کو بھی پتہ نہیں ہوتا کہ اس کے بینک میں کس کا کتنا پیسہ جمع ہے۔ ان بینکوں کو وہاں سے ہٹا لو تو سوئٹزر لینڈ کے قدرتی مناظر اوران پہاڑوں کی ساری خوبصورتی دھری کی دھری رہ جائے۔ سچ تو یہ ہے کہ جس نے پہلگام اور گلمرگ اور پیر پنجال میں ہمالیہ کے پہاڑ دیکھے ہیں اسے سوئٹزر لینڈ کے پہاڑ کیا پسند آئیں گے۔ رہی برف کی بات تو اسے تو ہم ہر روز ریفریجریٹر میں دیکھتے ہیں۔ اب بتاؤ سوئٹزر لینڈ میں کیا رہ جاتا ہے۔ ہاں کسی زمانے میں یہاں کی گھڑیاں بہت مشہور تھیں۔ اب جاپان نے ان کی ایسی تیسی کر دی ہے۔ کسی نے سچ کہا ہے کہ گھڑی سازی کے معاملہ میں ہر ملک کا ایک وقت ہوتا ہے۔ سوئٹزر لینڈ کی گھڑی اب ٹل چکی ہے۔ اب اس کے بینکوں میں پیسہ جمع کرنے والوں پر گھڑی آئی ہے۔ اس لئے یاد رکھو کہ جو کوئی سوئٹزر لینڈ جائے گا وہاں اپنا پیسہ جمع کرا کے آئے گا۔" بیوی نے کہا، "تو اس کا مطلب یہ ہوا کہ تم سوئٹزر لینڈ صرف اپنا کھاتہ کھلوانے گئے تھے؟"

میں نے کہا، "اور کیا پہاڑ دیکھنے تھوڑی گیا تھا۔"

بولی، "جب کھاتہ کھلوانا ہی تھا تو ہندوستان کے کسی بینک میں رقم جمع کراتے۔"

میں نے کہا، "کیا تم نہیں جانتیں کہ ہمارے بینکوں کی کیا حالت ہے۔ آئے دن تو ڈاکے پڑتے رہتے ہیں۔ لوگ بینکوں کے کھلنے کا اتنا انتظار نہیں کرتے جتنا کہ ڈاکو ان بینکوں کے بند ہونے کا انتظار کرتے ہیں۔ پھر سوئٹزر لینڈ میں بینک کا کھاتہ کھولنے کا لطف

ہی کچھ اور ہے۔"

اور یوں میں نے ایک خوش آئند مستقبل کے کچھ لمحے اپنی بیوی کو سونپ دیئے۔ اس بات کو ہوتے تین مہینے بیت گئے۔ نہ تو اس نے مجھ سے اکاؤنٹ نمبر پوچھا، نہ اکاؤنٹ کا خفیہ نام اور نہ ہی یہ پوچھا کہ اس اکاؤنٹ میں کتنی رقم جمع ہے۔ یہ ضرور ہے کہ پچھلے تین مہینوں سے وہ بہت خوش ہے۔ اس کی زندگی میں ایک ایسا خوشگوار اعتماد پیدا ہو چکا ہے جس کی نظیر پچھلے تیس برسوں میں مجھے کبھی نظر نہ آئی۔ البتہ یہ ضرور ہے کہ اس اعتراف کے بعد میں اپنے آپ میں اعتماد کی کمی محسوس کر رہا ہوں۔

حضرات! یہ تو آپ بخوبی جانتے ہیں کہ بینکوں سے میرا کتنا تعلق ہو سکتا ہے۔ ایک محفل میں ایک مشہور و معروف ادیب سے ایک مشہور و معروف بینکر کا تعارف کرایا گیا تو بینکر نے ادیب سے کہا، "آپ سے مل کر بڑی خوشی ہوئی لیکن میری بد قسمتی یہ ہے کہ میں نے آج تک آپ کی کوئی کتاب نہیں پڑھی۔"

اس پر ادیب نے کہا، "مجھے بھی آپ سے مل کر بڑی خوشی ہوئی لیکن میری بد قسمتی یہ ہے کہ آج تک میں کسی بینک میں داخل نہیں ہوا۔"

میں اتنا بڑا ادیب تو خیر نہیں ہوں کہ کبھی کسی بینک میں قدم ہی نہ رکھ پاؤں۔ میں بینک ضرور جاتا ہوں۔ بینک میں میرا کھاتہ بھی موجود ہے۔ میری تنخواہ چونکہ چیک سے ملتی ہے۔ اسی لئے بینک میں کھاتہ کھولنا ضروری تھا۔ یہ اور بات ہے کہ میرا کھاتہ، میرا اور میری بیوی کا، 'جوائنٹ اکاؤنٹ' ہے۔ اس جوائنٹ اکاؤنٹ کی خصوصیت یہ ہے کہ اس میں رقم جمع کرنے کی ذمہ داری تو میری ہوتی ہے مگر اس میں سے رقم نکالنے کا خوشگوار فریضہ میری بیوی کو انجام دینا پڑتا ہے۔ اندرونِ ملک اپنی تو یہ مالی حالت ہے کہ کوئی آفت کا مارا مجھ سے بیس پچیس روپے بھی ادھار مانگتا ہے تو میں اس کا بے حد شکریہ ادا کرتا

ہوں۔ اسے رقم تو نہیں دیتا البتہ شکریہ اس بات کا ادا کرتا ہوں کہ وہ مجھے اس قابل تو سمجھتا ہے کہ مجھ سے بیس پچیس روپے ادھار مانگے جا سکیں۔

اس صورتِ حال کے باوجود سوئٹزر لینڈ کے بینک میں میرا کھاتہ موجود ہے اور اس معاملہ کو آپ کے سامنے رکھنے کی وجہ صرف اتنی ہے کہ پچھلے تین مہینوں سے میں عجیب و غریب کیفیت سے گزر رہا ہوں۔ جیسا کہ آپ جانتے ہیں کہ میں نے پوری رازداری اور ایمانداری کے ساتھ اپنے کھاتہ کی اطلاع اپنی بیوی کو دی تھی۔ مجھے یقین تھا کہ وہ خاندان کے اس راز کو اپنے سینے میں چھپائے رکھے گی۔ مگر رفتہ رفتہ مجھے احساس ہونے لگا کہ اس راز کی روشنی میرے گھر کے اطراف دھیرے دھیرے پھیلنے لگی ہے۔ ایک مہینے پہلے کی بات ہے۔ میں محلہ کی ایک دکان سے موزے خریدنے گیا تھا۔ مجھے موزوں کی ایک جوڑی پسند آئی لیکن دکاندار نے قیمت جو بتائی وہ ہندوستان میں میرے موجودہ بینک بیلنس کی بساط سے باہر تھی۔

دکاندار نے مجھے آنکھ مار کر کہا، "صاحب! آپ یہ موزے لیجئے۔ بیس پچیس روپے کے فرق پر نہ جایئے۔ باقی پیسے بعد میں دیجئے جب سوئٹزر لینڈ سے آپ کا پیسہ آجائے گا۔" تھوڑی دیر کے لئے میں چونک سا گیا لیکن سوچا کہ ان دنوں چونکہ سوئٹزر لینڈ کے بینکوں کا بہت چرچا ہے اس لئے دکاندار نے مذاق میں یہ بات کہی ہوگی۔ پھر میں نے محسوس کیا کہ محلہ کے وہ لوگ جو مجھ سے منہ چھپاتے تھے یا مجھ سے کتراتے تھے نہ صرف اپنا منہ دکھانے لگے ہیں۔ بلکہ ضرورت سے زیادہ سلام بھی کرنے لگے ہیں۔

پڑوسیوں کے بارے میں آپ جانتے ہیں کہ یہ صرف آپ کی خوشیوں میں بڑھ چڑھ کر حصہ لیتے ہیں۔ اور اگر آپ کی زندگی میں دکھ نہ ہوں تو انہیں پیدا کرنے کی کوشش بھی کرتے ہیں۔ یہ پڑوسی اب مجھے عجیب و غریب نظروں سے دیکھتے ہیں۔

میرے ایک پڑوسی کپڑے کا کاروبار کرتے ہیں لیکن کاروبار کرنے کا ڈھنگ کچھ ایسا ہے جیسے سارے ملک کو ننگا کر کے چھوڑیں گے۔ پیسے کی وہ ریل پیل ہے کہ نہ جانے اتنا پیسہ کہاں رکھتے ہیں۔ بیس برسوں کے پڑوسی ہیں لیکن ان سے تعلقات پچھلے دو مہینوں میں ہی قائم ہوئے۔ ان کی بیوی ان دنوں میری بیوی کی سب سے اچھی اور چہیتی سہیلی بنی ہوئی ہے۔ دو تین مرتبہ مجھے بھی اپنے گھر بلا چکے ہیں۔ جب بھی بلاتے ہیں میرے ساتھ وہ سلوک کرتے ہیں جو اہلِ غرض بے ایمان وزیروں کے ساتھ روا رکھتے ہیں۔ پچھلے ہفتہ میری بیوی نے بتایا کہ میری پڑوسی کی بیوی اس سے یہ جاننا چاہتی ہے کہ سوئٹزرلینڈ کے بینک میں کھاتہ کھولنے کا کیا طریقہ ہے؟

میں نے کہا، "انہیں کیسے معلوم ہوا کہ میرا کھاتہ سوئٹزرلینڈ کے بینک میں موجود ہے؟"

بیوی نے کہا، "تم بھی کیسی باتیں کرتے ہو۔ انہیں کیسے پتہ چل سکتا ہے کہ سوئٹزرلینڈ کے بینک میں تمہارا کھاتہ ہے۔ تم چونکہ پڑھے لکھے آدمی ہو اسی لئے تم سے کھاتہ کھولنے کا طریقہ جاننا چاہتے ہوں گے۔ بتانے میں کیا حرج ہے، آخر کو پڑوسی ہیں۔"

میں نے کہا، "پڑوسی تو بیس برس سے ہیں۔ لیکن پڑوسیوں کا سا سلوک صرف پچھلے دو مہینوں سے کیوں کر رہے ہیں؟" پھر بھی میں نے کھاتہ کھولنے کا طریقہ انہیں بتا دیا۔ یہاں تک تو خیر ٹھیک تھا۔ پرسوں ایک عجیب و غریب واقعہ پیش آیا۔ میں صبح ڈرائنگ روم میں بیٹھا داڑھی بنا رہا تھا کہ ایک بھکاری حسبِ معمول میرے گھر پر آواز لگانے لگا۔ دوسرے بھکاری نے، جو میرے پڑوسی کے گھر پر کھڑا تھا، میرے گھر کے سامنے کھڑے ہوئے بھکاری سے کہا، "میاں! اس گھر پر آواز لگا کر کیوں اپنا وقت ضائع کرتے ہو۔ اس کا

تو سارا پیسہ سوئٹزر لینڈ میں ہے۔ ناحق کیوں انہیں تنگ کرتے ہو۔" پانی اب میرے سر سے اونچا ہو چکا تھا۔ میں نے فوراً اپنی بیوی کو طلب کیا اور کہا، "تمہیں یاد ہو گا کہ تین مہینے پہلے میں نے تمہیں اس راز سے واقف کرایا تھا کہ سوئٹزر لینڈ کے ایک بینک میں میرا اکاؤنٹ موجود ہے۔"

بیوی نے کہا، "یاد رکھنے کی بات کرتے ہو۔ میں تو دن کے چوبیسوں گھنٹے اس بات کو یاد رکھتی ہوں۔ تمہیں اب اچانک اس اکاؤنٹ کی کیوں یاد آگئی۔ تم نے پہلی بار اپنے اکاؤنٹ کا جو اعتراف کیا تھا کیا وہ غلط تھا؟"

میں نے کہا، "غلط نہیں تھا مگر میرا اعتراف ادھورا تھا۔ میں نے تمہیں اپنے کھاتے کا نمبر، کھاتے کا خفیہ نام اور کھاتے میں جمع رقم کے بارے میں کچھ بھی نہیں بتایا تھا۔"

بیوی نے کہا، "میں اچھی طرح جانتی ہوں کہ تمہارے کھاتے کا نمبر 'چار سو بیس' ہے، کھاتہ کا خفیہ نام 'گوبھی کا پھول' ہے اور اس کھاتے میں سوئٹزر لینڈ کے صرف دس مارک جمع ہیں۔"

میں نے حیرت سے پوچھا! "تمہیں کس نے بتایا؟"

بولی، "میں نے اس سلسلہ میں ایک خفیہ ایجنسی کی خدمات حاصل کی تھیں۔ 'فیر سیکس' نام ہے اس کا۔ سوئٹزر لینڈ کے کھاتوں کا سراغ اسی طرح لگایا جاتا ہے۔" میں نے کہا، "بات دراصل یہ تھی کہ سوئٹزر لینڈ میں جب دیکھنے کو کچھ بھی نہیں ملا اور وہاں سے واپس چلتے وقت میری جیب میں دس سوئس مارک بچ رہے تو میں نے سوچا کیوں نہ اس رقم کو سوئٹزر لینڈ کے کسی بینک میں جمع کرادوں۔ ہندوستان میں یہ سہولت ہے کہ کسی تاریخی مقام کو دیکھنے جاتے ہیں تو اس مقام پر اپنا نام بھی لکھ کر آسکتے ہیں تاکہ نہ صرف سند رہے بلکہ اپنی نشانی بھی موجود رہے۔ سوئٹزر لینڈ میں مجھے یہ سہولت بھی

میسر نہیں تھی۔ لہٰذا میں نے یادگار کے طور پر اپنا اکاؤنٹ کھول دیا۔ یہ کوئی اہمیت کی بات نہیں ہے اور تمہیں بھی اسے اہمیت نہیں دینا چاہیے۔ اب تو میں اس اکاؤنٹ کو بند کرانے کی سوچ رہا ہوں۔"

بیوی نے کہا، "خبردار! جو اس اکاؤنٹ کو بند کیا تو۔ آج سے اسے بھی جوائنٹ اکاؤنٹ ہی سمجھو۔ ان دنوں سماج میں عزت اسی کی ہے جس کا سوئٹزرلینڈ کے بینکوں میں اکاؤنٹ ہو۔ چار برس پہلے جب تم سوئٹزرلینڈ گئے تھے تو ہندوستان میں سوئٹزرلینڈ کا اتنا کریز نہیں تھا۔ تم نے تو جذباتی ہو کر غفلت میں اس اکاؤنٹ کو کھولا تھا۔ مجھے کیا پتہ تھا کہ کبھی تمہاری غفلت سے فائدہ بھی پہنچ سکتا ہے۔ تم یقین کرو سوئٹزرلینڈ کے بینک میں جمع کئے ہوئے تمہارے دس مارک ہندوستان میں دس کروڑ کے برابر ہیں۔ دیکھتے نہیں سماج میں تمہاری کتنی عزت ہو رہی ہے۔ کتنی دعوتیں کھا چکے ہو۔ دکاندار ادھار تک دینے لگے ہیں۔ جو لوگ برابری کے ساتھ ملتے تھے وہ اب جھک جھک کر ملنے لگے ہیں۔ اور تو اور محلہ کے لیڈیز کلب کی چیئرپرسن کے طور پر آج میرا بلا مقابلہ انتخاب ہونے والا ہے۔ یہ سب کس کی بدولت ہے۔ ذرا سوچو تو۔ ملک کے سارے شرفا اب اپنے اکاؤنٹ سوئٹزرلینڈ کے بینکوں میں کھولنے لگے ہیں اور تم اپنا کھاتہ بند کرنے چلے ہو۔ خدا کا شکر ادا کرو کہ ایک اتفاقی غلطی سے تمہارا شمار بھی شرفا میں ہونے لگا ہے ورنہ زندگی بھر یونہی جوتیاں چٹخاتے پھرتے۔ یہ میری گزارش نہیں حکم ہے کہ یہ اکاؤنٹ اب بند نہیں ہوگا۔"

یہ کہہ کر میری بیوی لیڈیز کلب کی چیئرپرسن کے انتخاب میں حصہ لینے کے لئے چلی گئی اور میں دنیا کے نقشہ میں پھر سے سوئٹزرلینڈ کو تلاش کرنے لگا۔

✲ ✲ ✲

مرزا غالب کی پریس کانفرنس

عالمِ بالا میں جب نجم الدولہ دبیر الملک اسد اللہ خاں نظام جنگ بہادر المتخلص بہ غالبؔ کو فرصت کے رات دن میسر آگئے تو وہ تصورِ جاناں کرنے بیٹھ گئے اور اس قدر بیٹھ گئے کہ اگر بر وقت نہ چونکتے تو بہشت کی زمین میں مرزا غالبؔ کی جڑیں پھوٹ جاتیں اور وہ ایک ہرے بھرے درخت میں تبدیل ہو کر رہ جاتے اور بعد میں یہ درخت دیوانِ غالبؔ کے نسخوں سے لد جاتا۔ مگر خدا بھلا کرے میر مہدی مجروحؔ کا کہ ان کی کھانسی نے مرزا غالبؔ کو چونکا دیا، اور انہوں نے چونکتے ہی میر مہدی مجروحؔ سے پوچھا، "بھئی کیا وقت ہے؟" میر مہدی مجروحؔ نے پہلے تو اپنی گھڑی کو اچھی طرح ہلا کر یقین کر لیا کہ یہ چل رہی ہے یا نہیں، پھر گھڑی کی طرف غور سے دیکھ کر کہا، "استاد محترم، آپ وقت کیا پوچھتے ہیں، کافی برا وقت آگیا ہے۔ پوری ایک صدی بیت گئی ہے اور آپ صرف تصورِ جاناں میں کھوئے رہ گئے۔ اب ذرا جاگئے کہ زمانہ قیامت کی چال چل گیا ہے اور شاعر کہہ گیا ہے

نہ سمجھو گے تو مٹ جاؤ گے اے ہندوستاں والو
تمہاری داستاں تک بھی نہ ہو گی داستانوں میں

شعر کو سنتے ہی مرزا غالبؔ جو پہلے ہی سے چونک گئے تھے، کافی سے زیادہ چونک گئے اور بولے، "یہ کیا کہہ رہے ہو میاں میر مہدی! ذرا ہوش کے ناخن لو، کیا ہم پوری ایک صدی تک 'تصورِ جاناں' کرتے رہے؟"

میر مہدی بولے، "اور نہیں تو کیا۔ آپ نے تو تصورِ جاناں کے سارے عالمی بلکہ کائناتی ریکارڈ توڑ کر رکھ دیے ہیں۔" یہ کہہ کر میر مہدی نے ایک ٹوٹے ہوئے ریکارڈ کے چند ٹکڑے مرزا غالبؔ کی خدمت میں پیش کیے اور ایک سرد آہ کھینچ کر یوں گویا ہوئے، "اے میرے استادِ محترم! مجھے آپ سے پوری ہمدردی ہے، جو ہونا تھا وہ ہو چکا، قسمت کے لکھے کو بھلا کون مٹا سکتا ہے۔ آپ ادھر تصورِ جاناں میں مگن رہے اور ادھر دنیا والوں نے آپ کی صد سالہ تقاریب منا ڈالیں۔ بچے بچے کی زبان پر آپ کا نام تو تھا ہی، اب بڑوں کی زبان پر بھی آپ کا نام ہے۔ دنیا میں اب یہ رواج عام ہو گیا ہے کہ اگر کسی کو دھمکی دینا ہو تو کہا جاتا ہے، "میاں! ذرا ہوشیار رہنا، نہیں تو تمہاری غالبؔ صدی تقاریب منا کر رکھ دوں گا۔" میں نے بارہا اس قسم کے جملے سنے ہیں۔

"اگر کل تک مکان کا کرایہ ادا نہ ہوا تو سرِ بازار تمہاری غالب صدی تقاریب منا دوں گا۔"

"اگر ٹھیک سے کام نہ کرو گے تو تمہارا غالب سیمینار منعقد کروں گا۔" وغیرہ وغیرہ۔ نوبت یہاں تک پہنچ گئی ہے کہ مائیں اپنے بچوں کو آپ کی تصویر بتا کر ڈراتی ہیں، "اگر شور کرو گے تو غالبؔ کو بلائوں گی۔"

قبلہ! اب آپ سے کیا عرض کروں کہ آپ غالبؔ سے "گالبؔ" بن گئے ہیں۔ اور بعض بعض مقامات بلکہ مقاماتِ آہ و فغاں پر تو آپ "گلیبؔ" بھی بن چکے ہیں۔ لہٰذا اب خوابِ غفلت سے جاگئے اور دشمنوں کا منہ توڑ جواب دیجیے، ورنہ عین ممکن ہے کہ آپ کی شاعری صرف فیشن بن کر رہ جائے۔"

مرزا غالبؔ میاں میر مہدی کی اس تقریر دل پذیر کو بڑے غور سے سنتے رہے پھر بولے، "تم نے ہمیں پہلے ہی کیوں نہ جگایا؟"

میر مہدی بولے، "حضور! آپ کو تو یک گونہ بے خودی دن رات چاہئے بلکہ یہی تو آپ کا واحد پسندیدہ "ان ڈور گیم" ہے۔ بس اسی خیال سے نہ جگایا،

ورنہ کیا بات کر نہیں آتی

مرزا غالبؔ بولے، "وہ تو ایک صدی پہلے کی بات تھی۔ اب تو "حالات" اور ہماری "حالت" دونوں تبدیل ہو چکے ہیں۔ مگر بھئی کوئی سبیل تو بتاؤ کہ اب ہم کیا کریں؟"

تھوڑی دیر خاموشی طاری رہی۔ پھر اچانک میر مہدی نے چٹکی بجا کر کہا، "قبلہ! ایک ترکیب ذہن میں آئی ہے۔ اگر اس پر عمل کیا جائے تو شاید آپ اپنے موقف کی وضاحت کر سکیں۔"

مرزا غالبؔ نے پوچھا، "وہ کیا ترکیب ہے؟"

میر مہدی بولے، "حضور ان دنوں ہندوستان میں پریس کا بول بالا ہے۔ پریس کی طاقت بہت بڑی طاقت ہے۔ ایسے آڑے وقت میں پریس ہی آپ کی مدد کر سکتا ہے۔ کیوں نہ ہم پریس والوں کو طلب کریں۔"

مرزا غالبؔ نے کسی قدر حیرانی سے پوچھا، "کیا منشی نول کشور کا پریس اب تک موجود ہے؟" میر مہدی نے مرزا غالبؔ کی سادگی پر کف افسوس ملتے ہوئے کہا، "حضور! منشی نول کشور کا پریس تو اسی وقت بند ہو گیا تھا جب اس نے آپ کا دیوان چھاپا تھا۔ پریس والوں سے میری مراد اخبار والوں سے ہے۔ ہم ایک پریس کانفرنس طلب کریں گے جس میں آپ اپنے موقف کی وضاحت کریں۔"

مرزا غالبؔ نے تقریباً نڈھال ہو کر کہا، "میاں میر مہدی! ہم تو کچھ بھی نہیں جانتے۔ ہم وہاں ہیں جہاں سے ہم کو بھی کچھ ہماری خبر نہیں آتی۔ ہمیں تم پر پورا پورا بھروسہ ہے۔ تم جو کچھ کرو گے وہ اچھا ہی کرو گے۔ مناسب سمجھو تو پریس کانفرنس بلا لینا

مگر خیال رہے کہ یہ پریس کانفرنس دلّی میں منعقد ہو، کیوں کہ ہم نے بہت دنوں سے دلّی نہیں دیکھی۔ آنکھیں ترس گئی ہیں اسے دیکھنے کے لیے۔"

میر مہدی نے فوراً بات کو کاٹ کر کہا، "حضور پریس کانفرنس دلّی میں نہیں ہو گی کیوں کہ دلّی "ڈرائی ایریا" ہے اور پریس میں کوئی بات۔۔۔

بنتی نہیں ہے بادہ و ساغر کہے بغیر

لہٰذا پریس کانفرنس حیدر آباد میں منعقد ہو گی کیوں کہ یہ ابھی تک خوش قسمتی سے 'ویٹ ایریا' ہے۔"

بالآخر پریس کانفرنس طلب کرنے کا فیصلہ کر لیا گیا۔ میر مہدی نے مرزا غالبؔ کو پریس کانفرنس کے اسرار و رموز سے واقف کرایا۔ انہیں ان ساری زیادتیوں کا حال سنایا جو ایک صدی کے عرصہ میں ان کی ذات کے ساتھ کی گئی تھیں۔ مرزا غالبؔ ان زیادتیوں کو سنتے جاتے اور زار و قطار روتے جاتے تھے اور ان کی زبان پر یہ شعر تھا۔

غم سے مرتا ہوں کہ اتنا نہیں دنیا میں کوئی

کہ کرے تعزیت مہر و وفا میرے بعد

میر مہدی بار بار انہیں دلاسہ دیتے اور کہتے،

غالبؔ خستہ کے بغیر کون سے کام بند ہیں

روئیے زار زار کیا کیجئے ہائے ہائے کیوں

میر مہدی نے مرزا غالبؔ کو سمجھایا اور کہا کہ "حضور اب رونے کا وقت نہیں رہا۔ اب ذرا سنبھل جائیے اور ایک تفصیلی صحافتی بیان تیار کیجئے تا کہ اس کی سائیکلو اسٹائل کاپیاں پریس کانفرنس میں اخبار والوں کے حوالے کی جا سکیں۔"

پریس کانفرنس کی تیاریاں شروع ہو گئیں، مرزا غالبؔ اور میاں میر مہدی دوسری

دنیا سے اس دنیا میں عارضی طور پر آ گئے۔ غالبؔ دن بھر پریس کانفرنس کی تیاریوں میں مصروف رہتے اور راتوں کو اپنا صحافتی بیان لکھنے میں مگن ہو جاتے۔ مرزا غالبؔ نے بڑے انہماک کے ساتھ ان غالبؔ نمبروں کا مطالعہ شروع کر دیا جو مختلف رسالوں نے ان کی صدی تقاریب کے موقع پر شائع کیے تھے۔ مرزا غالبؔ نے غالبیات کا مطالعہ یوں شروع کر دیا جیسے وہ خود اپنے آپ پر ریسرچ کرنے چلے ہوں۔ کسی کو مرزا غالبؔ کی آمد کی اطلاع نہیں دی گئی اور کسی کو یہ پتہ نہ چلا کہ مرزا غالبؔ ان کے درمیان یوں موجود ہیں جیسے چور کی داڑھی میں تنکا موجود ہوتا ہے۔

چاروں طرف غالبؔ صدی تقاریب کا غلغلہ مچا ہوا تھا۔ "یومِ غالبؔ"، "جشنِ غالب"، "یادِ غالبؔ"، "غالبؔ ڈے"، "غالبؔ فیسٹیول"، "غالبؔ فنڈ"، "غالبؔ میموریل"، "غالب بال روم ڈانس"، "غالبؔ سمیتی"، "غالبؔ سبھا"، "غالبؔ سنستھا"، "غالبؔ مہیلا وِبھاگ"، "غالبؔ کاریہ کرم" اور "غالبؔ پریہ درشنی" کا اس قدر غلبہ تھا کہ غالبؔ نے حیران ہو کر خود سے سوال کیا۔

جب کہ تجھ بن نہیں کوئی موجود
پھر یہ ہنگامہ اے خدا کیا ہے

حد ہو گئی کہ انہوں نے سڑکوں پر ایسے بورڈ بھی آویزاں دیکھے: "غالبؔ پان شاپ"، "غالبؔ ہیر کٹنگ سیلون"، "غالبؔ اینڈ سنس"، "غالبؔ انجینئرنگ ورکس"، "غالبؔ اسٹون پالشنگ ورکس"، "غالبؔ کلاتھ مرچنٹ"، "غالب کراکری" وغیرہ وغیرہ۔ مرزا غالبؔ ان ساری زیادتیوں بلکہ مظالم کا بغور جائزہ لیتے رہے اور دل میں کڑھتے رہے۔

جب مرزا غالبؔ کا صحافتی بیان تیار ہو گیا تو مرزا غالبؔ نے میر مہدی کے مشورے

سے پریس کانفرنس کی تاریخ مقرر کی اور ایک اخبار کے ایڈیٹر سے ملنے چلے گئے۔ اخبار کے ایڈیٹر نے پہلے تو بڑے تپاک سے ان کا استقبال کیا مگر جب مرزا غالبؔ نے بتایا کہ وہ مرزا غالبؔ ہیں تو اس نے فوراً اپنے نوکر کو آواز دی اور کہا، "ان صاحب کو باہر لے جائو۔ مجھے غالبؔ پر ایک مقالہ لکھنا ہے، میرے پاس ایسے غیر ضروری لوگوں سے ملاقات کے لئے وقت نہیں ہے۔"

مرزا غالبؔ نے جو ملازم کی گرفت میں آچکے تھے، چیخ کر کہا،

تمہیں کہو کہ یہ اندازِ گفتگو کیا ہے

"صاحب یہ کہاں کا انصاف ہے کہ آپ مجھ پر تو مقالہ لکھ سکتے ہیں لیکن مجھ سے ملاقات کے لیے وقت نہیں نکال سکتے؟"

ایڈیٹر نے کہا، "صاف صاف بتایئے کہ آپ کون ہیں؟"

مرزا غالبؔ بولے، "میں مرزا غالبؔ ہوں اور یہ میر مہدی مجروحؔ ہیں۔"

ایڈیٹر نے طنز آمیز مسکراہٹ کے ساتھ کہا، "آپ کا نمبر کون سا ہے؟"

غالبؔ بولے، "نمبر سے آپ کا کیا مطلب ہے؟"

ایڈیٹر نے کہا، "نمبر سے مطلب یہ ہے کہ اس سے پہلے پانچ مرزا غالبؔ میرے پاس آچکے ہیں۔ آپ کا نمبر چھٹواں ہے۔"

مرزا غالبؔ کا چہرہ تمتما گیا اور انھوں نے بڑی درشتگی کے ساتھ کہا: "مذاق بند کیجئے۔ میں مرزا غالبؔ ہوں اور صدفی صد غالبؔ ہوں، میں دوسری دنیا سے اس دنیا میں بطور خاص اس لیے آیا ہوں کہ اب تک میرے خلاف جو کچھ کہا گیا ہے اس کا جواب دوں۔ اگر آپ کو یقین نہیں آتا تو آپ دیوانِ غالبؔ سے اشعار پوچھ سکتے ہیں، مجھے اپنے سارے اشعار زبانی یاد ہیں۔ ایڈیٹر بولا، "دیوانِ غالب کے سارے اشعار تو مجھے بھی یاد ہیں۔ کیا

میں محض اس قصور کی پاداش میں غالب کہلاؤں گا؟"

مرزا غالبؔ نے زور دے کر کہا، "خدا کے لئے اس بات کا یقین کیجیے کہ میں مرزا غالبؔ ہوں۔"

ایڈیٹر بولا، "اگر آپ مرزا غالبؔ ہیں بھی تو مجھ سے کیا واسطہ ؟"

مرزا غالبؔ بولے، "آپ سے صرف اتنا واسطہ ہے کہ آپ غالبؔ صدی تقاریب کے خلاف میرا بیان شائع کریں اور میری پریس کانفرنس میں شرکت کریں جو اگلے اتوار کو منعقد ہو رہی ہے۔"

ایڈیٹر نے کہا، "معاف کیجئے، میں غالبؔ صدی تقاریب کے خلاف آپ کا بیان اپنے اخبار میں نہیں چھاپ سکتا۔ کیوں کہ ہمارا اخبار اگر ایسا کوئی بیان شائع کرے تو غالبؔ صدی تقاریب کمیٹی ہمیں اشتہار دینا بند کر دے گی اور ہم آپ کی خاطر کوئی خطرہ نہیں مول لینا چاہتے اور میرے لئے اگلے اتوار کو آپ کی پریس کانفرنس میں شرکت کرنا اس لیے ناممکن ہے کہ اسی روز غالب اکیڈیمی کی جانب سے غالبؔ تقاریب منائی جارہی ہیں اور ان تقاریب کا آپ کی پریس کانفرنس سے کلیش (Clash) ہو گیا ہے۔ لہٰذا مجھے معاف کیجئے۔ میں آپ کے کلام سے قریب اور آپ سے دور رہنا چاہتا ہوں۔ یہ کہہ کر ایڈیٹر اٹھ کھڑا ہوا اور مرزا غالبؔ کو چھوڑ کر اپنے کمرے سے باہر چلا گیا۔

مرزا غالبؔ بہت بے آبرو ہو کر اس کوچہ سے نکلے اور اس کے بعد انہوں نے میاں میر مہدی سے کہہ دیا کہ وہ آئندہ کسی ایڈیٹر کے پاس نہیں جائیں گے۔ لہٰذا پریس کانفرنس کے سارے امور وہ خود انجام دے لیں۔

میر مہدی مجروحؔ نے کافی دوڑ دھوپ کی بلکہ دھوپ زیادہ کھائی اور دوڑ کم لگائی۔ بالآخر پریس کانفرنس کا وقت آگیا۔ مرزا غالبؔ پریس کانفرنس کے دن اپنا مخصوص چغہ پہننا

چاہتے تھے لیکن معلوم ہوا کہ ان کا چغہ غالبؔ صدی تقاریب کمیٹی کے قبضہ میں ہے۔ لہٰذا انہیں اپنے یونیفارم کے بغیر ہی پریس کانفرنس میں آنا پڑا۔

پریس کانفرنس کے دن کافی چہل پہل تھی۔ انواع واقسام کے اخباروں کے پریس رپورٹرس جمع ہونے لگے۔ جب سارے رپورٹرس جمع ہو گئے تو میاں میر مہدی مجروحؔ ڈائس پر آئے اور بولے، "دوستو! آپ لوگ اپنی اپنی نشستوں پر بیٹھ جائیں، اردو کے ممتاز شاعر مرزا غالبؔ ابھی آپ کے سامنے آئیں گے، آپ تھوڑی دیر صبر کریں۔"

اس پر اخبار "ٹیوزڈے ٹائمز" کے نمائندے نے کہا، "آخر ہم کب تک صبر کریں۔ پریس کانفرنس کا مینو (Menu) کیا ہوگا۔ محض آپ کی پریس کانفرنس کے خیال سے ہم نے دوپہر کا کھانا نہیں کھایا ہے۔ لہٰذا ہمیں مرزا غالبؔ کو دکھانے سے پہلے یہ بتائیے کہ آپ نے کھانے پینے کی اشیاء کہاں سجا رکھی ہیں۔"

اس پر میاں میر مہدی مجروحؔ نے کہا، "حضرات، آپ اطمینان رکھیں کہ ہم نے ایٹ ہوم کا مناسب بندوبست کر رکھا ہے لیکن ایٹ ہوم پریس کانفرنس کے بعد ہی ہوگا، ورنہ اندیشہ ہے کہ کہیں آپ لوگ ایٹ ہوم کے بعد سیدھے اپنے گھروں کو روانہ ہو جائیں۔ لہٰذا صبر کیجئے کہ صبر کا پھل میٹھا ہوتا ہے۔"

ابھی میر مہدی مجروحؔ کا بیان جاری ہی تھا کہ مرزا غالبؔ اچانک ڈائس پر نمودار ہو گئے۔ انہوں نے صحیفہ نگاروں کو بیٹھ جانے کے لئے کہا اور اپنا صحافتی بیان پڑھنا شروع کر دیا۔

"ساتھیو! میں مرزا غالبؔ ہوں، اسد اللہ خاں غالبؔ، میں وہی غالبؔ ہوں، جس نے 'دیوانِ غالب' لکھا اور جو قرض کی مے پیتا تھا اور جس کے اشعار آپ یوں استعمال کرتے ہیں جیسے یہ آپ کے ذاتی اشعار ہوں۔ میرا انتقال ایک سو سال پہلے ہوا تھا۔ جب میرا

انتقال ہوا تھا تو مجھے یہ اندیشہ نہیں تھا کہ میرے بعد آپ لوگ میری ایسی درگت بنائیں گے کہ میرا جغرافیہ ہی بگڑ جائے گا۔ میں نے احتیاطاً اپنی زندگی میں ہی عرض کر دیا تھا۔

بارے آرام سے ہیں اہلِ جفا میرے بعد

مگر بعد میں پتہ چلا کہ اہلِ جفا کی اصل سرگرمیاں تو میرے مرنے کے بعد ہی شروع ہوئی ہیں۔ میرے انتقال کے بعد لوگوں نے خواہ مخواہ میرے حالاتِ زندگی میں دلچسپی لینی شروع کی۔ یقین مانیے کہ اگر لوگ میرے جیتے جی میرے حالاتِ زندگی میں دلچسپی لیتے تو شاید میں آج تک بھی نہ مرتا اور اب تک میرے کئی دیوان شائع ہو چکے ہوتے۔ مگر جن دنوں میں قرض خواہوں سے منہ چھپاتا پھرتا تھا، اپنی پنشن کے اجرا کے لیے دربدر کی ٹھوکریں کھایا کرتا تھا، ان دنوں کسی نے پلٹ کر بھی یہ پوچھنے کی کوشش نہیں کی کہ میرے منہ میں کتنے دانت ہیں۔ جو لوگ میرے اشعار پر ناک بھوں چڑھایا کرتے تھے، وہ آج میرے اشعار کی تعریف کرتے ہیں تو یوں معلوم ہوتا ہے جیسے وہ پاگل ہو گئے ہوں۔ میں نے بڑی کس مپرسی کی حالت میں اپنی عمر کا آخری حصہ گزارا۔ مگر آج جب جگہ جگہ "غالب میموریل فنڈ" قائم کیے جا رہے ہیں تو مجھے یہ پوچھنے کا حق پہنچتا ہے کہ،

حیراں ہوں پھر "مشاہرہ" ہے کس حساب میں

میں بہت ادب کے ساتھ یہ پوچھنا چاہتا ہوں کہ آپ لوگ میرے پیچھے ہاتھ دھوکے کیوں پڑے ہوئے ہیں۔ اگر آپ کو کسی کی "صدی تقاریب" ہی منانا مقصود تھا تو اس کے لیے مومن کیا برے تھے، ذوق میں کیا برائی تھی اور پھر اگلے زمانے میں ایک میر بھی تو تھے۔ ان سارے شعراء کی موجودگی میں صدی تقاریب کے انعقاد کے لئے میرے انتخاب کی کیا وجہ ہے، مجھے آپ لوگوں کی نیت پر شبہ ہے۔ آپ نے میرے چھوٹے سے

دیوان اور چند نجی خطوط کو اتنی اہمیت دے ڈالی ہے کہ میرے دیوان کا حلیہ بگڑ گیا ہے۔ آپ نے میری اجازت کے بغیر "غالبیات" کا ایک شعبہ قائم کر رکھا ہے۔ بحیثیت غالبؔ میں نے غالبیات کا گہرا مطالعہ کیا ہے اور اس نتیجہ پر پہنچا ہوں کہ آپ لوگوں نے اب تک مجھ پر اتنی ریسرچ کی ہے کہ میں اکیلا شخص ریسرچ کے اس بھاری بوجھ کو برداشت نہیں کر سکتا۔ اتنی ریسرچ کے لیے تو پندرہ بیس غالبوں کی ضرورت تھی۔ میں نے غالبیات کے مطالعہ کے دوران ایسے مضامین بھی پڑھے ہیں جو "عالم غیب" سے میرے خیال میں بھی نہ آسکتے تھے۔ مثال کے طور پر چند مضامین کے عنوانات ملاحظہ فرمایئے: "غالبؔ اور ایٹمی دور"، "غالب اور منصوبہ بندی"، "غالب کی شاعری میں پنچایتی عنصر"، "غالبؔ کی شاعری پر غالبؔ کا اثر"، "اقبالؔ غالبؔ کے آئینے میں"، "غالبؔ کی شراب نوشی ایک سنگِ میل"، "فلمی صنعت پر غالبؔ کے احسانات"، "غالبؔ اور کفایت شعاری"، "ہماری معیشت غالبؔ کے کلام کے آئینے میں"، "غالبؔ اور فیملی پلاننگ۔"

حضرات! اگر مجھے معلوم ہوتا کہ میری شاعری کا تعلق فیملی پلاننگ سے پیدا کیا جائے گا تو سچ مچ شاعری کے معاملہ میں بھی "فیملی پلاننگ" پر عمل کرتا اور دو یا تین شعر بس کے اصول پر کاربند رہتا۔ غالبیات کے مطالعہ کے دوران مجھے بار بار یہ احساس ہوا کہ آپ جس غالبؔ کا ذکر کر رہے ہیں وہ شاید میں نہیں ہوں لیکن جب میں نے اپنا نام اپنی ولدیت کے ساتھ پڑھا تو یقین کرنا پڑا کہ وہ غالبؔ میں ہی ہوں جس کی مٹی پلید کی جارہی ہے۔ حد ہوگئی کہ ایک ماہر غالبیات نے میری شاعری کے دو دیوان شائع کیے ہیں اور ان کے نام علی الترتیب "دیوانِ غالبؔ" اور "دیوانِ اسدؔ" رکھے ہیں۔ "دیوانِ غالبؔ" میں غالبؔ والے تخلص کے اشعار موجود ہیں اور "دیوانِ اسدؔ" میں وہ غزلیں ہیں جن میں میرا تخلص اسدؔ ہے۔ آپ ہی بتایئے کہ اس تکلف کی کیا ضرورت تھی۔

ماہرین غالبیات کا تو ذکر ہی چھوڑیے۔ جب سے اسکولوں کے تعلیمی نصاب میں میرے کلام کو شامل کیا گیا ہے، اس وقت سے مجھے یہ گمان ہونے لگا ہے،

تمہارے شعر ہیں اب صرف دل لگی کے اسدؔ

میں نے ایک طالب علم کی جوابی بیاض دیکھی تھی جس میں اس نے میرے "حالاتِ زندگی" کچھ اس طرح بیان کئے تھے:

"غالبؔ آگرہ کے تاج محل میں پیدا ہوئے۔ بہت دنوں تک تاج محل کی سیر کرتے رہے۔ جب خوب سیر تفریح کر چکے تو انہیں ایک شریف آدمی کی طرح فکر معاش لاحق ہو گئی۔ چونکہ آگرہ میں رہ کر فکر معاش کرنا بے سود تھا۔ اسی لیے وہ آگرہ سے نکل گئے اور بلا ٹکٹ سفر کی صعوبتیں جھیلتے ہوئے حیدرآباد پہنچے۔ یہاں انہوں نے عثمانیہ یونیورسٹی سے ڈاکٹریٹ کی ڈگری حاصل کی اور یہیں انگریزی کے استاد مقرر ہوئے۔ چونکہ غالبؔ کو اردو شاعری سے بہت دلچسپی تھی، اس لیے وہ بات بات پر شعر کہتے تھے۔ وہ اردو کے واحد شاعر ہیں جنہوں نے ازار بند کی مدد سے شعر کہے۔ ہر غزل کے لیے ایک نیا ازار بند استعمال کرتے تھے اور جیسے ہی کوئی شعر ہوتا تھا فوراً ازار بند میں گرہ لگا دیتے تھے۔ شعروں اور ازار بند میں گرہ لگانا ان کا محبوب مشغلہ تھا۔ غالبؔ شراب بہت شوق سے پیتے تھے اور دوسروں کو پینے کا کوئی موقع ہی عطا نہیں کرتے تھے۔ اسی لئے ان کے بہت سے دشمن پیدا ہو گئے۔ انہوں نے غالبؔ کے خلاف سازش کی اور بالآخر غالبؔ کو دہلی واپس ہو جانا پڑا۔"

حضرات! ان حالات زندگی کو پڑھ کر میری کیا حالت نہ ہوئی ہو گی، آپ خود اندازہ لگا سکتے ہیں۔ اگر کوئی آپ کے حالات زندگی اس طرح لکھتا تو آپ کے دل پر کیا نہ گزرتی۔

دوستو! میں نے "غالبؔ تقاریب" کا حال تفصیل سے پڑھا ہے۔ ان تقاریب میں ملک کے ایسے سیاسی لیڈروں نے بھی حصہ لیا جو میرے نام اور کام سے قطعاً واقف نہ تھے۔ کسی نے مجھے "پرجا سوشلسٹ" ثابت کرنے کی کوشش کی تو کسی نے کہا کہ غالبؔ کانگریس کے حامی تھے۔ اس سے بڑھ کر اور کیا ذلت ہو سکتی ہے کہ ایک لیڈر نے میرا تعلق "سوتنترا پارٹی" سے پیدا کرنے کی کوشش کی تھی۔ میں اس سیاسی لیڈر کے بارے میں بھی سن چکا ہوں جو میری صدی تقاریب کے افتتاح کے لیے آیا تھا اور بار بار لوگوں سے پوچھ رہا تھا کہ "گالبؔ صاحب کہاں ہیں، ان کے بغیر یہ اُدگھاٹن کیوں کر ہو سکے گا؟" ان لیڈروں نے لوگوں کو مشورہ دیا کہ وہ میرے نقشِ قدم پر چلیں۔ انہیں یہ تک نہیں معلوم کہ میرے نقشِ قدم پر چل کر آدمی صرف مقروض ہی بن سکتا ہے۔ میں نے یہاں تک سنا ہے کہ سیاسی انتخابات میں لیڈروں نے میرے نام پر ووٹ حاصل کیے اور یہ کیسی بد قسمتی ہے کہ میں خود اپنے نام سے کوئی فائدہ نہ اٹھا سکا۔ فلمی صنعت نے بھی مجھے نہ بخشا اور میری زندگی کو کچھ اس طرح فلمایا کہ یہ فلمیں "باکس آفس پر ہٹ" ہو گئیں۔ ایسے گھٹیا مکالمے جو میں زندگی بھر اپنی زبان سے ادا نہ کر سکا، وہ میری زبان سے کہلوائے گئے۔ میری بیوی کو فلموں میں اس قدر حسین دکھایا گیا کہ اگر وہ سچ مچ اتنی ہی حسین ہوتی تو میرے حالاتِ زندگی مختلف ہوتے۔ قوالوں نے میری غزلوں کا قتلِ عام کیا۔ مجھے گلی گلی رسوا کیا گیا اور میں ضبط کرتا رہا۔ مگر اب پانی سر سے اونچا ہو گیا ہے، اب تک میری جو رسوائی ہوئی ہے، اس کی تلافی ہونی چاہیے ورنہ میں ازالۂ حیثیت عرفی کا مقدمہ دائر کر دوں گا۔"

مرزا غالبؔ نے اپنا صحافتی بیان ختم کیا اور نڈھال ہو کر کرسی پر گر گئے۔ میاں مہدی مجروحؔ نے فوراً انہیں پانی پلایا اور پنکھا جھلنے لگے۔ جب مرزا غالبؔ کو ہوش آیا تو میر مہدی

نے اخباری نمائندوں سے کہا کہ وہ اگر کوئی سوال کرنا چاہتے ہوں تو کر سکتے ہیں۔ اخباری نمائندوں نے جو پہلے ہی سے اس موقع کی تاک میں بیٹھے ہوئے تھے، مرزا غالبؔ پر سوالات کی بوچھار کر دی۔

ایک صحافی نے پوچھا، "ابر کیا چیز ہے ہوا کیا ہے ؟"

تیسرے صحافی نے پوچھا، "نقش فریادی ہے کس کی شوخیٔ تحریر کا؟"

چوتھے صحافی نے پوچھا، "آہ کا کس نے اثر دیکھا ہے ؟"

پانچویں صحافی نے پوچھا، "نیند کیوں رات بھر نہیں آتی ؟"

چھٹے نے پوچھا، "موت سے پہلے آدمی غم سے نجات پائے کیوں ؟"

مرزا غالبؔ نے اچانک اتنے سارے سوالات کو سن کر کہا،

آتا ہے ابھی دیکھئے کیا کیا میرے آگے

"دوستو! مجھ سے آسان سوالات پوچھئے، آپ مجھ سے ایسے سوالات کیوں پوچھتے ہیں جن کے جوابات میں خود اپنی زندگی میں دے نہ سکا تھا۔ میرے ہی سوالوں کے ذریعہ مجھے لاجواب کرنے کی سازش اچھی نہیں۔"

اس پر پریس کانفرنس میں تھوڑی دیر سکتہ طاری رہا، پھر ایک صحافی نے اٹھ کر پوچھا، "مسٹر غالبؔ! جدید شاعری کے بارے میں آپ کا کیا خیال ہے ؟"

غالبؔ نے کہا، "جناب والا، آپ جسے جدید شاعری کہتے ہیں وہ اصل میں کافی قدیم شاعری ہے۔ یہ اس وقت کی شاعری ہے جب انسان کو لکھنا پڑھنا نہیں آتا تھا اور وہ ابھی علمِ عروض کی باریکیوں سے واقف نہ ہوا تھا۔ لہٰذا جدید شاعری کو جدید شاعری نہ کہیے بلکہ قدیم شاعری کہئے۔ جدید شاعری تو وہ ہے جو میں نے کی ہے۔"

اس کے بعد ایک اور صحافی نے پوچھا، "محکمہ ڈاک نے آپ کے جو یادگاری ٹکٹ

جاری کیے ہیں، ان کے بارے میں آپ کا کیا خیال ہے؟"

مرزا غالبؔ بولے، "ٹکٹ تو بہت اچھے ہیں مگر مجھے یہ شکایت ہے کہ ڈاک والے ان ٹکٹوں پر بہت زور سے مہر لگاتے ہیں اور اس کے بعد ان ٹکٹوں میں 'یادگار' نام کی کوئی چیز باقی نہیں رہتی۔"

تھوڑی دیر پھر خاموشی رہی۔ اتنے میں اچانک ایک نوجوان صحافی نے اٹھ کر پوچھا، "مسٹر غالبؔ! سچ سچ بتایئے کہ اس پریس کانفرنس کے انعقاد کا مقصد کیا ہے؟"

غالبؔ نے کچھ دیر سوچ کر کہا، "بھئی! سچ بات تو یہ ہے کہ میں اس پریس کانفرنس کے ذریعہ اس رقم کا حساب کتاب پوچھنا چاہتا ہوں جو 'غالب میموریل فنڈ' کے کھاتے میں جمع ہوئی ہے۔ بحیثیت غالبؔ اس رقم پر میرا حق ہے، لہٰذا مجھے یہ رقم ملنی چاہئے اور میں اسے حاصل کر کے ہی رہوں گا۔"

اس پر ایک صحافی نے دیگر صحافیوں کو مخاطب کر کے کہا، "بھائیو! مجھے تو یہ کوئی دھاندلی نظر آ رہی ہے۔ اصل میں یہ شخص غالبؔ کا روپ دھارن کر کے پیسے بٹورنا چاہتا ہے۔"

اچانک کسی نے آواز لگائی، "پکڑو اسے۔ کوئی اچکا نظر آتا ہے، جانے نہ پائے۔ اسے پولیس کے حوالے کر دو۔"

پریس کانفرنس میں اچانک بھگدڑ مچ گئی اور مرزا غالبؔ میر مجروحؔ کے ساتھ فرار ہو گئے۔ پریس کانفرنس خود بخود ختم ہو گئی۔ البتہ دوسرے دن اخباروں میں اس قسم کی سرخیاں چھپیں،

"مرزا غالبؔ کا روپ اختیار کر کے عوام کو دھوکہ دینے کی کوشش۔"

"نقلی مرزا غالبؔ کے خطرناک عزائم کو ناکام بنا دیا گیا۔"

"عوام، دھوکہ بازوں سے خبردار رہیں۔ غالب صدی تقاریب کمیٹی کا انتباہ۔"

لوگوں نے بہت تلاش کیا مگر پھر کہیں ان غالب صاحب کا پتہ نہ چل سکا، جو میاں میر مہدی مجروحؔ کے ہمراہ اپنے دشمنوں کا منہ توڑ جواب دینے کے لیے دوسری دنیا سے اس دنیا میں آئے تھے۔ پتہ نہیں وہ اصلی تھے یا نقلی۔ واللہ اعلم بالصواب۔

٭٭٭

مشاعرے اور مجرے کا فرق

دہلی کے ایک ہفتہ وار رسالہ نے اردو مشاعروں کے زوال پر مختلف شاعروں اور دانشوروں کے بیانات کو شائع کرنے کا سلسلہ شروع کیا ہے۔ اس کے تازہ شمارہ میں اردو کے بزرگ شاعر حضرت خمار بارہ بنکوی کا ایک بیان شائع ہوا ہے جس میں انہوں نے مشاعرہ کے زوال کے دیگر اسباب پر روشنی ڈالتے ہوئے آج کے دور کی شاعرات کے بارے میں بھی اظہارِ خیال کیا ہے۔ ان کا کہنا ہے کہ "آج کی شاعرات نے مشاعرہ کو مجرا بنا دیا ہے۔ پہلے میں مشاعرہ میں جاتا تھا تو عمر بڑھتی تھی۔ مگر اب مشاعروں میں جانے سے عمر گھٹنے لگی ہے۔"

حضرت خمار بارہ بنکوی ماشاء اللہ اب اسی (۸۲) کے پیٹے میں ہیں۔ اور پچھلے ساٹھ برسوں سے ملک کے مشاعروں میں حصہ لے رہے ہیں۔ یہ کہا جائے تو بیجا نہ ہو گا کہ جتنے مشاعرے انہوں نے پڑھے ہیں، اتنی تو کتابیں بھی ہم نے نہ پڑھی ہوں گی۔ اپنی عمر، تجربہ اور علم کے اعتبار سے ان کا شمار ہمارے بزرگوں میں ہوتا ہے۔ اور وہ ہمارے پسندیدہ شاعروں میں سے ہیں۔ لیکن کبھی کبھی حالات ایسے پیدا ہو جاتے ہیں کہ بزرگوں سے اختلاف کرنا ضروری ہو جاتا ہے۔ سر ظفر اللہ خان نے ایک بار پطرس بخاری سے پوچھا، "بتایئے کے طنبورے اور تان پورے میں کیا فرق ہوتا ہے؟" اس پر پطرس بخاری نے سر ظفر اللہ خاں سے پوچھا، "حضور! یہ بتایئے کہ اب آپ کی عمر کیا ہے؟" سر ظفر اللہ خاں بولے "پچھتر (۷۵) برس کا ہو چکا ہوں۔" یہ سن کر پطرس بخاری نے نہایت

اطمینان سے کہا، "حضور! جب آپ نے اپنی زندگی کے پچھتر برس طنبورے اور تان پورے کا فرق جانے بغیر گذار دیئے تو پانچ دس برس اور صبر کر لیجئے۔ ایسی بھی کیا جلدی ہے۔" خمار بارہ بنکوی نے اب جو یہ کہا ہے کہ موجودہ دور کی شاعرات نے مشاعرے اور مجرے کے فرق کو ختم کر دیا ہے اور یہ کہ مشاعروں میں شرکت کرنے سے اب ان کی عمر گھٹنے لگی ہے تو اس سلسلہ میں ہماری دست بستہ عرض یہ ہے کہ وہ ایسی غیر ضروری باتوں پر غور کر کے اپنی عمر کو مزید گھٹنے نہ دیں۔ یہ کیا ضروری ہے کہ وہ اپنی عمر کو بڑھانے کی آس میں مشاعروں میں شرکت کرتے رہیں۔

مانا کہ خمار بارہ بنکوی ہمارے بزرگ ہیں لیکن ہم ان کے اس بیان سے اتفاق نہیں کرتے کہ آج کی شاعرات نے مشاعرے اور مجرے کے فرق کو ختم کر دیا ہے کیونکہ ہمارا خیال ہے کہ مشاعرے اور مجرے میں اب بھی ایک واضح فرق موجود ہے۔ وہ اس طرح کہ مجرے میں طوائفیں اس طرح بن سنور کر اور سج دھج کر پیش نہیں ہوتیں جیسی ہماری خاتون شعراء مشاعروں میں جلوہ گر ہوتی ہیں۔

ماشاء اللہ ہم نے بھی دنیا دیکھی ہے اور ہم عمر کی اس منزل میں ہیں جہاں ہم اپنی عمر کے ہندسے کاغذ پر لکھتے ہیں تو یہ ہندسے تک ایک دوسرے سے منہ موڑے ہوئے نظر آتے ہیں۔ کہنے کا مطلب یہ ہے کہ ہماری عمر اب خدا کے فضل سے ۶۲ برس کی ہو چکی ہے اور ذرا ملاحظہ فرمائیں کہ ۲ اور ۶ کے ہندسوں میں کیسی ان بن پیدا ہو چکی ہے کہ ایک کا منہ مغرب کی طرف تو دوسرے کا مشرق کی طرف۔ عمر کی یہ وہ منزل ہوتی ہے جہاں آدمی نہ صرف اپنے گناہوں کی معافی مانگنے لگتا ہے بلکہ اپنے گناہوں کا اعتراف بھی کر لیتا ہے۔ خمار صاحب نے ہو سکتا صرف مشاعروں میں شرکت کی ہو لیکن ہم نے اپنی زندگی میں (جو خمار صاحب کی عمر کے لحاظ سے مختصر ہی کہلائے گی) مشاعروں اور مجروں دونوں میں

شرکت کی ہے بلکہ ایک مجرے والی کے گھر پر مشاعروں کی صدارت بھی کی ہے۔

جوانی میں آدمی کیا نہیں کرتا۔ یہ ۱۹۶۸ء کی بات ہے۔ اب آپ سے کیا چھپائیں کہ اس مجرے والی کے ہاں، جو ادب کا بہت اچھا ذوق رکھتی تھی، مشاعرہ رات میں دس بجے مقرر ہوتا تھا تو ہم آٹھ بجے ہی مشاعرہ کی صدارت کرنے کے لئے پہنچ جاتے تھے۔ مشاعرہ تو رات کے بارہ بجے برخواست ہو جاتا تھا لیکن ہماری صدارت بسا اوقات رات میں دو بجے تک جاری رہتی تھی۔ سامعین کے لئے شطرنجیاں بعد میں بچھتی تھیں، پہلے مسندِ صدارت بچھائی جاتی تھی جو سب سے آخر میں اٹھائی جاتی تھی۔ خدا جھوٹ نہ بلوائے ان مشاعروں میں بھی ہم نے ہمیشہ شعر ہی سنے۔ کبھی مجرا نہیں دیکھا جبکہ آج کے مشاعروں میں ہم بعض خاتون شعراء کی عنایت سے مشاعرہ کم سنتے ہیں اور مجرا زیادہ دیکھتے ہیں۔

دوسری بات یہ کہ ہم نے مجرے والیوں کو کبھی اتنا بے باک (بلکہ بے باق)، بے حیا، بے شرم مگر ساتھ ہی ساتھ ایسا بے پناہ نہیں پایا جیسا کہ مشاعروں میں ہماری بعض شاعرات نظر آتی ہیں۔ خدا کی قسم مجرے والیاں تو بے حد شریف، پاکباز اور حیادار ہوتی ہیں۔ ان بیچاری شریف بیبیوں کو تو اپنے گانے بجانے سے مطلب ہوتا ہے جب کہ بعض شاعرات کی شاعری میں شاعری کی اتنی اہمیت نہیں ہوتی جتنی کہ 'ماورائے شاعری' کی ہوتی ہے۔ ان کا سارا دارومدار 'ماورائے شاعری' پر ہی ہوتا ہے۔ ہمارے ایک ندیدے دوست ہیں جنہوں نے پانچ چھ برس پہلے ایک مشاعرہ میں ایسی ہی کسی 'ماورائے شاعری شاعرہ' کو سننے کے بعد آنکھیں پھاڑ پھاڑ کر ہم سے کہا تھا، "بخدا کیا شعر کہتی ہے کہ بس دیکھتے رہ جایئے۔" ہم نے کہا، "مگر شعر کا تعلق دیکھنے سے نہیں سننے سے ہوتا ہے۔" بولے، "مگر اس شاعرہ کا یہی تو کمال ہے کہ اس کے شعر سننے کے نہیں دیکھنے کے ہوتے

ہیں۔ بالکل ہاتھی کے دانتوں والا معاملہ ہے۔ بہرہ آدمی بھی اس کے کلام کو آسانی سے سمجھ سکتا ہے۔ شاعری ہو تو ایسی۔ بعضے شعر تو ایسے نکالتی ہے کہ بلا مبالغہ شعروں سے لپٹ جانے اور انہیں اپنی بانہوں میں سمیٹ لینے کو جی چاہے۔ اردو میں آج تک کسی نے ایسے شعر نہیں کہے تھے۔ یہی وجہ ہے کہ اس کے شعروں سے کماحقہ لطف اندوز ہونے کے لئے آنکھوں کا زیادہ سے زیادہ اور کانوں کا کم سے کم استعمال کرنا پڑتا ہے۔ اگر اس کی شاعری کانوں سے سنی جائے تو ہو سکتا ہے کہ بعض مصرعے بحر سے خارج نظر آئیں، وزن بھی کہیں کہیں گر رہا ہو۔ لیکن اگر آپ اپنی آنکھوں سے اسے دیکھیں تو واللہ وہ سراپا پابند بحر نظر آتی ہے۔ وزن میں ایسی جکڑی ہوئی اور تنی ہوئی ہے کہ خود دیکھنے والے کا وزن گر گر جائے اور سنبھالے نہ سنبھلے۔ وہ ترنم سے کلام نہیں سناتی بلکہ کلام سے ترنم سناتی ہے۔ صرف وہ ہی نہیں بولتی بلکہ اس کا انگ انگ بولتا ہے۔ شعر اس کے سالم بدن میں مچلنے اور تھرکنے، ٹھمکنے اور ہمکنے لگتا ہے اور شعر کا مطلب اس کے پورے سیاق وسباق کے ساتھ اس کی خمار آلودہ آنکھوں میں یوں چھلکنے لگتا ہے کہ دیکھنے والا آنکھ مارے بنا نہیں رہ سکتا۔ ہائے ہائے ظالم شعر سناتی ہے تو لگتا ہے کہ خود سراپا غزل بن گئی ہے۔"

الغرض ہمارے ندیدے دوست نے اس شاعرہ کے بارے میں اور بھی بہت سی باتیں کہی تھیں لیکن ہم انہیں یہاں مزید اس لئے بیان نہیں کریں گے کہ انہیں لکھنے ہی بیٹھے ہیں تو خود ہماری طبیعت کے مچلنے اور بھکنے کے آثار نمودار ہونے لگے ہیں۔ اس لئے اپنے ندیدے دوست کے بیان کو ہم یہاں ختم کرتے ہیں۔

ابھی پچھلے مہینہ ہمارے دوست اور اردو کے بہی خواہ پروفیسر ستیہ پال آنند نے ہمیں امریکہ سے خط لکھا تھا، جس میں ایک مشاعرہ کی روداد بیان کی گئی تھی۔ انہوں نے بتایا تھا کہ امریکہ کے ایک مشاعرہ میں ایسی ہی ایک شاعرہ جب کلام سنانے لگی تو ایک

سامع کو جو حاضرین میں بیٹھا ہوا تھا اس کا کوئی شعر اتنا پسند آیا کہ اس نے اظہارِ پسندیدگی کے طور پر محفل میں بیٹھے بیٹھے ہی شاعرہ کو دور ہی سے دس ڈالر کا کرنسی نوٹ دکھایا۔ اس پر شاعرہ ڈائس سے اتر کر خراماں خراماں دس ڈالر کو حاصل کرنے کی غرض سے کرنسی نوٹ کے پاس گئی۔ اسے حاصل کیا اور کرنسی نوٹ کو سینہ کے عین اوپر مگر بلاؤز کے اندر رکھتے ہوئے پھر سے وہی شعر سنانا شروع کر دیا۔ ذرا غور کیجئے کہ سامع نے 'مکرر ارشاد' کا کیا خوبصورت نعم البدل دریافت کیا ہے۔ سچ ہے امریکی ڈالر میں بڑی طاقت ہوتی ہے۔

ہمیں اس وقت اپنی جوانی کے دنوں کے ایک صحافی دوست یاد آگئے جو ان دنوں سعودی عرب میں نہایت کامیاب اور شریفانہ زندگی گذار رہے ہیں۔ بالکل اسم بامسمیٰ بن گئے ہیں۔ جوانی کے دنوں میں انہیں ہمیشہ کوئی نہ کوئی نئی بات سوجھتی تھی۔ آج سے تیس پینتیس برس پہلے انہوں نے حیدرآباد کے رویندرا بھارتی تھیٹر میں ایک ایسا مشاعرہ منعقد کیا تھا جس میں صرف خاتون شعراء نے شرکت کی تھی اور جس میں ان کے کہنے کے مطابق ملک بھر کی ممتاز خاتون شعراء شریک ہوئی تھیں۔ ہمیں اب بھی ان خاتون شعراء کے کچھ نام یاد ہیں جیسے ناز کانپوری، پونم کلکتوی، سلطانہ بارہ بنکوی، زیبا مرادآبادی، نجمہ ناگپوری، چترا بھوپالی وغیرہ۔ مشاعرہ سے پہلے اخباروں میں بطور تشہیر ان شاعرات کی جان لیوا تصویریں (جن کے تراشے پچھلے سال تک ہمارے پاس محفوظ تھے) کچھ ایسے اہتمام سے شائع ہوئیں کہ کئی ثقہ اور سنجیدہ حضرات نے بھی اس مشاعرہ میں شرکت کو ضروری سمجھا۔ ایسے حضرات میں ہم بھی شامل تھے۔ مشاعرہ کچھ اتنا کامیاب رہا کہ رویندر بھارتی تھیٹر کی چھتوں کا اڑنا باقی رہ گیا تھا۔ (چھتیں اس لئے بھی نہیں اڑیں کہ ان دنوں یہ تھیٹر نیا نیا بنا تھا اور مضبوط بھی تھا۔) مشاعرہ کے بعد ہم کسی وجہ سے کچھ دیر رک گئے اور جب باہر نکلے تو دیکھا کہ مشاعرہ گاہ کے باہر زیبا مرادآبادی، نجمہ ناگپوری، اور پونم

کلکتوی ایک رکشاوالے سے حیدرآباد کے ایک مخصوص محلہ تک چلنے کے لئے کرائے کے مسئلے پر تکرار کر رہی ہیں۔ سچ پوچھئے تو اس مشاعرہ میں ہمیں مشاعرہ کا ہی لطف آیا تھا مجرے کا نہیں۔ تیس پینتیس برس میں ہمارے ہاں مشاعرہ کی روایت اس مقام پر پہنچ گئی ہے جہاں مجرہ پیچھے رہ گیا ہے اور مشاعرہ آگے کو نکل گیا ہے۔ اس لئے کہ مجرے کے کچھ آداب ہوتے ہیں جن کا اب تک بھی پاس ولحاظ رکھا جاتا ہے لیکن مشاعرہ کے آداب جو کبھی ہوا کرتے تھے اب باقی نہیں رہے۔

حضرت خمار بارہ بنکوی سے ہمیں دلی ہمدردی ہے کہ ایسے مشاعروں میں جا کر ان کی عمر بڑھنے کے بجائے کم ہونے لگی ہے۔ ہم تو خیر کبھی بھی کسی مشاعرہ میں یہ سوچ کر نہیں گئے کہ یہاں جانے سے ہماری عمر بڑھے گی۔ اگر مشاعروں میں جانے سے عمر بڑھ سکتی تو علمِ طب نے آج اتنی ترقی نہ کی ہوتی۔ ہر کوئی ہسپتال جانے کے بجائے مشاعرہ میں بھرتی ہو جاتا۔ ہم تو خیر خود بھی شاعر نہیں ہیں اور نہ ہی شاعری سے کوئی دلچسپی رکھتے ہیں۔ بس کبھی کبھار بعض مخصوص شاعرات کو دیکھنے کے لئے مشاعروں میں چلے جاتے ہیں۔ ہمیں نہیں پتہ کہ اس سے ہماری عمر بڑھتی ہے یا گھٹتی ہے۔ لیکن اتنا ضرور جانتے ہیں کہ ہم اپنے آپ کو پھر سے جوان محسوس کرنے لگتے ہیں۔ اب بھلا بتایئے اس عمر میں یہ ایک تبسم بھی کسے ملتا ہے۔

***

غزل سپلائنگ اینڈ مینو فیکچرنگ کمپنی (پرائیوٹ ان لمیٹیڈ)

ادھر جب سے دنیا تجارت کے چنگل میں پھنس گئی ہے۔ اس وقت سے ہر شئے ترازو میں تلنے اور تجارت کے سانچے میں ڈھلنے لگی ہے۔ ہمیں اس نوجوان کی بات اب بھی یاد ہے جس نے ایک کتب فروش کی دکان پر کھڑے ہو کر کتب فروش سے کہا تھا، "جنابِ والا! مجھے کرشن چندر کے دو کلو افسانے، راجندر سنگھ بیدی کے ڈیڑھ کلو کہانیاں اور فیض کی چار کلو غزلیں دیجیئے۔"

اس پر کتب فروش نے ہماری آنکھوں کے سامنے کرشن چندر اور بیدی کی کہانیوں کے مجموعے ترازو میں تول کر دیئے اور فیض کی غزلوں کے بارے میں فرمایا، "حضور والا! میں آپ کو فیض احمد فیض کی غزلیں دینے کے موقف میں نہیں ہوں کیونکہ فیض کا سارا ادبی سرمایہ دو کلو غزلوں پر مشتمل ہے۔ یقین نہ آئے تو 'دستِ صبا، نقشِ فریادی' اور 'زنداں نامہ' کو تول کر دیکھ لیجئے۔"

اس دن سے ہمیں یہ یقین ہو چلا ہے کہ وہ دن دور نہیں جب تجارت، ادب پر اس قدر غالب آجائے گی کہ لوگ شاعری کی بلیک مارکیٹنگ اور افسانوں کی ذخیرہ اندوزی کرنے لگیں گے (ویسے بیرونی ادب کی اسمگلنگ تو ہمارے ہاں اب بھی جاری ہے) مگر ہمارا یقین اس وقت پختہ ہوا جب ہمیں پتہ چلا کہ ایک صاحب نے 'غزل سپلائنگ اینڈ مینیو فیکچرنگ کمپنی پرائیویٹ ان لمیٹیڈ' قائم کر رکھی ہے اور اس کمپنی کا کاروبار زوروں پر جاری ہے۔ چنانچہ ہم اس کمپنی کا معائنہ کرنے کی غرض سے اس مقام پر پہنچے تو دیکھا کہ

لوگ قطار باندھے کھڑے ہیں اوران کے ہاتھوں میں کورے کاغذات ہیں۔ ہم نے ان لوگوں سے پوچھا، "صاحبو! آپ لوگ کون ہیں، یہاں کیوں کھڑے ہیں اور آپ نے ہاتھوں میں کورے کاغذات کیوں پکڑ رکھے ہیں؟"

اس پر ایک نازک اندام نوجوان، جس کے بال بڑھے ہوئے تھے، آگے بڑھا اور بولا، "جناب والا! ہم ماڈرن شاعر ہیں اور فکرِ شعر میں وقت برباد نہیں کرتے، اس لئے ریڈی میڈ غزلیں خریدنے آئے ہیں اور ہمارے ہاتھوں میں کورے کاغذات اس لئے ہیں کہ ہم ان پر غزلیں لکھوا کر لے جائیں گے۔"

نوجوان کا یہ جواب سن کر ہم آگے بڑھنے لگے تو قطار میں ایک شور بلند ہوا، "صاحب! قطار میں ٹھہریئے، ہم تو صبح سے یہاں کھڑے ہیں۔ آپ دیر سے آئے ہیں اس لئے آپ کو قطار میں سب سے پیچھے ٹھہرنا چاہئے۔"

ہم نے شعراء کی ہوٹنگ کا کوئی نوٹس نہ لیا اور کمپنی کا دروازہ کھول کر اندر داخل ہوگئے۔ ایک کمرے میں ہمیں اس کمپنی کے پروپرائٹر مسٹر عبدالرحیم وفا نظر آئے جو ہاتھ میں قینچی پکڑے ایک غزل کو کاٹ رہے تھے۔ ہم نے اپنا تعارف کرایا تو بولے، "مکرّر مکرّر۔" ہم نے اپنا دوبارہ تعارف کرایا تو وہ بے حد خوش ہوئے اور بولے، "معاف کیجئے، میں ذرا اونچا سنتا ہوں، اسی لئے آپ کو اپنا تعارف مکرر کروانا پڑا۔" پھر بولے، "میں آپ کو اپنی کمپنی کا معائنہ ضرور کراؤں گا۔ مگر آپ کو پانچ منٹ تک انتظار کی زحمت برداشت کرنی ہوگی کیونکہ اس وقت میں ایک غزل کو کاٹ رہا ہوں۔" پھر جب وہ قینچی لے کر دوبارہ غزل کو کاٹنے میں مصروف ہوگئے تو ہم نے ازراہ تجسس ان سے پوچھا، "قبلہ! آپ قینچی سے اس غزل کو کیوں کاٹ رہے ہیں؟"

وہ مسکراتے ہوئے بولے، "بھئی! بات دراصل یہ ہے کہ یہ غزل بڑی بحر میں لکھی

گئی ہے اور اب میں اسے کاٹ کر اس میں سے چھوٹی بحر کی دو غزلیں بر آمد کروں گا کیونکہ میرے پاس وقت بہت کم ہے اور شعرا کے ڈھیروں آرڈرز میرے پاس پڑے ہوئے ہیں۔"

یہ کہہ کر انہوں نے غزل کاٹی اور نوکر کو بلا کر کہا، "میاں! یہ غزلیں اسی وقت میوزک ڈائرکٹر کے پاس لے جاؤ اور کہو کہ شام تک ان دونوں غزلوں کا ترنم فٹ ہو جائے کیونکہ آج رات میں مشاعرہ ہے اور جناب ترنم روحانی اس مشاعرہ میں یہ غزلیں پڑھیں گے۔"

ہم نے پوچھا، "یہ ترنم روحانی کون ہیں؟"

بولے، "ہمارے بہت پرانے گاہک ہیں، آپ انہیں نہیں جانتے؟ یہ تو ہمارے ملک کے ممتاز شعراء میں شمار کئے جاتے ہیں اور ہمیں فخر ہے کہ وہ گزشتہ بیس برسوں سے ہماری کمپنی سے غزلیں اور ان کا ترنم خرید رہے ہیں۔"

پھر جناب عبدالرحیم وفاؔ نے اپنی داستان الم انگیز یوں بیان کرنی شروع کر دی، "جناب والا! میں بچپن ہی سے اس نظریہ کا قائل ہوں کہ شعراء تین قسم کے ہوتے ہیں۔ ایک پیدائشی شاعر، دوسرا موروثی شاعر اور تیسرا نمائشی شاعر۔ پیدائشی شاعر تو وہ ہوتا ہے جو پیدا ہوتے ہی مطلع عرض کرتا ہے یعنی روتا بھی ہے تو علمِ عروض کے اصولوں کو پیش نظر رکھتا ہے۔ اس کے رونے میں بھی ایک ترنم پوشیدہ ہوتا ہے اور ابھی دس بارہ سال کا بھی ہونے نہیں پاتا کہ 'صاحب دیوان' بن جاتا ہے۔ موروثی شاعر وہ ہوتا ہے جسے شاعری ورثے میں ملتی ہے یعنی اصل میں اس کا باپ شاعر ہوتا ہے اور جب وہ مرتا ہے تو اپنے پیچھے قرض خواہوں کے علاوہ غیر مطبوعہ غزلیں اور نظمیں چھوڑ جاتا ہے۔ پس اس کا بیٹا ان غزلوں اور نظموں کو وقفہ وقفہ سے رسائل میں چھپواتا ہے اور موروثی شاعر ہونے

کا شرف حاصل کرتا ہے۔ لیکن شاعروں کی ایک تیسری قسم بھی ہوتی ہے جو نمائشی شاعر کہلاتی ہے۔ سچ پوچھئے تو ان دنوں ہر طرف نمائشی شعراء کی بھرمار ہے جو کہیں سے غزلیں سہ غزلیں لکھوا کر لاتے ہیں انہیں مشاعروں میں پڑھ کر نام کماتے ہیں۔ چونکہ میں ابتداء ہی سے پیدائشی شاعر رہا ہوں اس لئے میں نے یہ فیصلہ کر لیا تھا کہ بڑا ہو کر ایک ایسی کمپنی قائم کروں گا جہاں سے نمائشی شعراء کو سستے داموں پر غزلیں اور نظمیں فراہم کی جائیں۔ چنانچہ میں نے نہایت قلیل سرمائے سے کمپنی کا آغاز کیا۔ میں نے ایک سکنڈ ہینڈ قلم اور ایک سکنڈ ہینڈ دوات خریدی اور مستقبل کی طرف روانہ ہو گیا۔

ابتداء میں میرا طریقہ کار یہ تھا کہ میں اپنے ہاتھ میں قلم پکڑ کر گلی گلی آوازیں لگاتا پھرتا کہ "غزل لکھوائیے، نظم کی اصلاح کروائیے۔" وہ دن میرے لئے سخت آزمائش کے تھے۔ جب ہر طرف 'پیدائشی شاعر' نظر آیا کرتے تھے لیکن رفتہ رفتہ نمائشی شعراء بھی نمودار ہونے لگے اور میرا کاروبار چل پڑا۔ جب میری حالت ذرا سنبھلی تو میں نے ایک ٹھیلہ خریدا اور اس ٹھیلے میں غزلیں، نظمیں، سہرے اور رباعیاں رکھ کر فروخت کرنے لگا۔ رفتہ رفتہ میری گمنامی دور دور تک جا پہنچی اور لوگ دور دور سے غزلیں لکھوانے کے لئے آنے لگے۔ میرا نصیب جاگ اٹھا اور میں اتنا مالدار ہو گیا کہ آج 'غزل سپلائینگ اینڈ مینو فیکچرنگ کمپنی' کا پروپرائٹر ہوں۔ اب میں نے چار پیدائشی شعرا کی خدمات بھی حاصل کر لی ہیں جو دن رات غزلیں، نظمیں، رباعیاں اور قطعات لکھتے ہیں۔ اس کے علاوہ میں نے ایک میوزک ڈائرکٹر کی خدمات بھی حاصل کر لی ہیں جو مختلف غزلوں کا ترنم فٹ کرتا ہے۔ پھر میں نے اپنی کمپنی میں ایک نیا شعبہ بھی قائم کیا ہے جسے 'شعبۂ سامعین' کا نام دیا گیا ہے۔ اس شعبے کے ذمہ یہ کام ہے کہ وہ مشاعروں میں سامعین کو روانہ کرے اور کمپنی کی فراہم کردہ غزلوں پر کچھ ایسی داد دے کہ اچھے خاصے نمائشی شاعر پر 'پیدائشی

شاعر' کا گمان ہونے لگ جائے۔ چنانچہ میں فی سامع سواری خرچ کے علاوہ دو روپے چارج کرتا ہوں۔ میرا یہ شعبہ بھی دن دونی رات چوگنی ترقی کر رہا ہے کیونکہ مشاعرے زیادہ تر راتوں ہی میں منعقد ہوتے ہیں۔ ہمارے سامعین کسی شاعر کے کلام پر اِس زور و شور سے داد دیتے ہیں کہ خود بے چارے شاعر کا کلام کوئی سننے نہیں پاتا۔ اب میں نے ایک 'شعبہ ہوٹنگ' بھی قائم کرنے کا فیصلہ کیا ہے تاکہ کمپنی کے مخالفین کے دانت کھٹے کئے جائیں۔"

مسٹر عبدالرحیم وفا ابھی اپنی داستان بیان ہی کر رہے تھے کہ ٹیلی فون کی گھنٹی بجنے لگی اور وہ ریسیور اٹھا کر کہنے لگے، "ہیلو! کون۔۔۔؟ اچھا! شادانی صاحب بات کر رہے ہیں۔"

"جی ہاں۔۔۔ مجھے معلوم ہے کہ مشاعرہ آج رات میں ہے لیکن میں مجبور ہوں کیونکہ آپ نے ابھی تک دو پرانی غزلوں کی قیمت ادا نہیں کی۔ جب تک پچھلا حساب صاف نہ ہو جائے میں آپ کے لئے ایک شعر بھی نہیں کہہ سکتا۔"

"کیا کہا! مشاعرہ میں آپ کو معاوضہ ملنے والا ہے، یہ تو مجھے بھی معلوم ہے کہ آپ کو مشاعرہ میں معاوضہ ملتا ہے، گزشتہ بار بھی آپ کو معاوضہ ملا تھا، لیکن آپ نے میری غزلوں کی اجرت ادا کرنے کی زحمت گوارا نہیں کی۔ بھلا یہ بھی کوئی بات ہے کہ آپ مجھ سے پانچ روپے میں ایک غزل لے جاتے ہیں اور اسے مشاعرہ میں پڑھ کر پچیس تیس روپے معاوضہ حاصل کر لیتے ہیں۔ میں کبھی یہ برداشت نہیں کروں گا کہ آپ میری شاعری کے علاوہ میری محنت کا بھی استحصال کریں۔"

اس کے بعد ٹیلیفون پر طویل وقفہ رہا اور شادانی صاحب دوسری طرف سے مسلسل بولتے رہے۔ اور آخر میں وفا صاحب جھنجھلاتے ہوئے بولے، "دیکھئے، شادانی صاحب، میں آپ کو غزل ضرور لکھ دیتا، لیکن میرے پاس وقت بالکل نہیں ہے کیونکہ مجھے خود

صدرِ مشاعرہ کی غزلیں کہنی ہیں۔ بہتر ہے کہ آج آپ مشاعرہ میں نہ جائیں۔" اس کے بعد وفا صاحب نے بڑے زور سے ریسیور رکھ دیا اور بولے، "بد تمیز کہیں کے، جب غزل لکھوانی ہوتی ہے تو یوں منت سماجت کرتے ہیں جیسے کوئی فقیر بھیک مانگ رہا ہو لیکن جب مشاعرے میں میری ہی غزل میرے سامنے پڑھتے ہیں تو میری طرف یوں دیکھتے ہیں جیسے اپنی ذاتی غزل سنا رہے ہوں۔"

پھر وفا صاحب نے اپنے حواس درست کئے اور کہا،

"میں آپ کو اپنی کمپنی کی داستان تو سنا چکا ہوں، اب آپ میرے پراسپکٹس کا مطالعہ فرمایئے جس سے آپ کو میری کمپنی کی جملہ تفصیلات کا علم ہو جائے گا۔"

یہ کہتے ہوئے انہوں نے پراسپکٹس ہمارے سامنے پھینک دیا۔ ہم نے موقع کو غنیمت جانا اور ایک پراسپکٹس اپنے ساتھ لے آئے جسے من و عن ہم یہاں نقل کر رہے ہیں۔

غزل سپلائنگ اینڈ مینو فیکچرنگ کمپنی پرائیوٹ لمیٹیڈ پراسپکٹس

گاہکوں کے لئے ضروری ہے کہ وہ اپنے تخلص کا خود انتخاب کریں۔ ایک بار آپ نے تخلص رکھ لیا تو آپ کو مکمل شاعر بنانے کی ذمہ داری کمپنی پر عاید ہوگی۔

بیک وقت چار غزلوں کا آرڈر دینے پر ایک قطعہ مفت فراہم کیا جائے گا۔

اگر کمپنی کی فراہم کردہ کسی غزل پر مشاعرہ میں ہوٹنگ ہو تو اس کی ذمہ داری کمپنی پر عاید نہیں ہوگی۔ ہم غزل کو ہوٹنگ سے محفوظ رکھنے کی ذمہ داری صرف اسی صورت میں قبول کر سکتے ہیں جب آپ ہمارے 'شعبۂ سامعین' کی خدمات سے استفادہ کریں۔

غزلوں کو صحیح تلفظ کے ساتھ پڑھنے کی ذمہ داری بھی متعلقہ شعراء پر عاید ہوگی۔

کیونکہ کمپنی صرف شعر کہتی ہے، شعراء کو 'قاعدہ' نہیں پڑھا سکتی۔

بڑی بحر کی غزل کے پانچ اشعار کی قیمت دس روپے اور چھوٹی بحر کی غزل کی پانچ روپے ہوگی۔ اگر کوئی صاحب صرف ایک مصرعہ خریدنا چاہتے ہوں تو ان سے پورے شعر کی اجرت وصول کی جائے گی۔

اگر کوئی صاحب کمپنی ہذا سے آزاد نظمیں لکھوانا چاہتے ہوں تو انہیں اپنی دماغی صحت کے بارے میں سب سے پہلے طبی صداقت نامہ پیش کرنا ہوگا۔

اگر کوئی صاحب 'سہرا' لکھوانا چاہتے ہوں تو واضح ہو کہ کمپنی سہرا نگاری کی بھاری اجرت وصول کرتی ہے کیونکہ دوسروں کی شادی پر خوشی کا اظہار کرنا ایک بہت بڑی آزمائش ہے۔

کمپنی ہذا نے گاہکوں کے لئے غزلیں کرایہ پر دینے کا بھی فیصلہ کیا ہے۔ لیکن کوئی غزل چوبیس گھنٹوں سے زیادہ عرصہ کے لئے اپنے پاس نہ رکھی جائے کیونکہ جب سائیکلیں کرایہ پر دی جاتی ہیں تو انہیں بھی اسی شرط کے ساتھ کرایہ پر دیا جاتا ہے۔

گاہکوں کو غزلوں کی قیمت نقد ادا کرنی ہوگی کیونکہ شعراء کو ادھار غزلیں دینا، دنیا کی سب سے بڑی غلطی ہے۔

ہم نے گاہکوں کی سہولت کی خاطر پرانی غزلوں کی رپیرنگ کا بھی بندوبست کیا ہے لیکن یہ غزلیں اتنی پرانی، بوسیدہ اور شکستہ بھی نہیں ہونی چاہئیں کہ ان کی رپیرنگ پر نئی غزل کی لاگت آجائے۔

ایک بار فروخت کی ہوئی غزلیں واپس نہیں لی جائیں گی۔ البتہ مستعمل غزلیں نصف قیمت پر خریدی جائیں گی۔

ہم نے کمپنی کے پراسپکٹس کو بغور پڑھا اور مسٹر عبدالرحیم وفا سے اجازت لے کر

واپس آگئے۔ اب ہم عوام کی اطلاع کے لئے اسے شائع کر رہے ہیں تاکہ جو کوئی بھی صاحب خواہ مخواہ شاعر بننے کی تمنا رکھتے ہوں وہ شاعری کی اس بہتی گنگا میں ہاتھ دھولیں اور یوں سارے پانی کو گندہ کر دیں۔

٭ ٭ ٭

مجتبیٰ حسین ایک عہد ساز شخصیت

از: ڈاکٹر عزیز سہیل

مجتبیٰ حسین عہد حاضر کے ایک عظیم مزاح نگار گزرے ہیں۔ وہ ایک بلند پایہ مزاح نگار' انشا پرداز 'خاکہ نگار' سفر نامہ نگار' کالم نگار اور صحافی کی حیثیت سے اردو دنیا میں مشہور رہے۔ مجتبیٰ حسین ۱۵ جولائی ۱۹۳۶ء کو تحصیل چنچولی، ضلع گلبرگہ (کرناٹک) میں پیدا ہوئے۔ ان کے والد کا نام محمد احمد حسین تھا، مجتبیٰ حسین کا گھرانا اہل علم کا گھرانا تھا ان کے والد کو بھی شعر وادب سے بڑی دلچسپی تھی اسی ماحول میں مجتبیٰ حسین کی تعلیم و تربیت ہوئی، مجتبیٰ حسین کے دو بھائی محبوب حسین جگر اور ابرہیم جلیس نے ادب میں اپنا نمایاں مقام حاصل کیا۔ ان کی شخصیت کا اثر بھی مجتبیٰ حسین کی شخصیت پر پڑا۔۔ مجتبیٰ حسین کی ابتدائی تعلیم گھر پر ہوئی بعد میں مدرسہ تحتانیہ، آصف گنج گلبرگہ میں داخلہ ہوا، میٹرک کے بعد انٹر میڈیٹ کامیاب کیا اور جامعہ عثمانیہ سے بی اے میں ۱۹۵۳ء میں داخلہ حاصل کیا ۱۹۵۶ میں بی اے کامیاب کیا۔ بی اے کے بعد ۱۹۵۸ءمیں مضمون نظم و نسق عامہ میں ڈپلومہ کی تکمیل کی۔

ان کی شادی ۱۹۵۶ء میں چچازاد بہن ناصرہ سے ہوئی، جن سے مجتبیٰ حسین کو پانچ اولادیں ہوئیں جن میں دو لڑکے اور تین لڑکیاں شامل ہیں۔ ان کی ملازمت کا آغاز ۱۹۵۶ء میں روزنامہ سیاست سے ہوا۔ ان کے ادبی سفر کا آغاز ۱۹۶۲ء میں روزنامہ

سیاست کے مشہور کالم "شیشہ و تیشہ" سے ہی ہوا ہے۔ ۱۹۶۲ء میں مجتبیٰ حسین کو سرکاری ملازمت محکمہ اطلاعات و تعلقات عامہ ریاست آندھرا پردیش میں حاصل ہو گئی۔ ۱۹۷۲ء تک انہوں نے اسی محکمہ میں اپنی خدمات مکمل ذمہ داری کے ساتھ انجام دی۔ ۱۹۷۴ء میں نیشنل کونسل آف ایجوکیشنل ریسرچ اینڈ ٹریننگ میں ان کا تقرر بحیثیت اسسٹنٹ ایڈیٹر کے عمل میں آیا اور وہ حیدرآباد سے دہلی منتقل ہوئے۔ ۱۹۷۹ء میں وہ اسی شعبہ میں ایڈیٹر منتخب ہوئے اور سخت محنت اور مکمل جستجو سے ۱۹۹۱ء تک خدمات انجام دیتے ہوئے اپنے عہدے سے بحسن خوبی سبکدوش ہوئے اور پھر حیدرآباد واپس ہوئے۔ انہوں نے کئی ملکوں کا سفر کیا جن میں جاپان، امریکہ، برطانیہ، فرانس، کینڈا، پاکستان اور سعودی عربیہ و دیگر ممالک شامل ہیں۔ مجتبیٰ حسین کا انتقال ۲۸ مئی ۲۰۲۰ء کو حیدرآباد میں ہوا۔

ان کی تصانیف میں مضامین کا پہلا مجموعہ -"- تکلف برطرف (۱۹۶۸)، مضامین اور خاکوں پر مشتمل دوسرا مجموعہ "قطع کلام (۱۹۶۹) مضامین کا تیسرا مجموعہ "قصہ مختصر (۱۹۷۲ئ) مزاحیہ مضامین اور خاکوں پر مشتمل مجموعہ "بہرحال (۱۹۷۴) خاکوں کا مجموعہ "آدمی نامہ (۱۹۸۱ئ) مضامین کا مجموعہ "بالآخر (۱۹۸۲) سفر نامہ "جاپان چلو جاپان چلو" (۱۹۸۳) مضامین کا مجموعہ "الغرض" (۱۹۸۷ئ) خاکوں کا مجموعہ "سو ہے وہ بھی آدمی (۱۹۸۷ئ) خاکوں کا مجموعہ "چہرہ در چہرہ (۱۹۹۳ئ) سفر نامہ "سفر لخت لخت (۱۹۹۵ئ) مضامین کا مجموعہ "آخر کار (۱۹۹۷ئ) خاکوں کا مجموعہ "ہوئے ہم دوست جس کے (۱۹۹۹ئ) کالموں کا انتخاب "میرا کالم (۱۹۹۹ئ) و دیگر شامل ہیں۔

مجتبیٰ حسین کی دیگر تحریریں جن کو بعض احباب نے ترتیب دیا ہیں وہ کچھ اس طرح ہیں قطع کلام (رعنا فاروقی) ۱۹۹۰ء، مجتبیٰ حسین کی بہترین تحریریں جلد اول (مرتبہ: حسن چشتی) ۲۰۰۱ئ، مجتبیٰ حسین کی بہترین تحریریں جلد دوم (مرتبہ: حسن

چشتی)۲۰۰۲ئ، مجتبیٰ حسین کے سفر نامے (مرتبہ: حسن چشتی)۲۰۰۳ئ، مجتبیٰ حسین کے منتخب کالم (مرتبہ: حسن چشتی)۲۰۰۴ئ، آپ کی تعریف (خاکے) (مرتبہ: سید امتیاز الدین)۲۰۰۵ئ، کالم برداشتہ (کالموں کا انتخاب) (مرتبہ: سید امتیاز الدین)، ۲۰۰۷ئ، مہرباں کیسے کیسے (خاکے) (مرتبہ: سید امتیاز الدین)۲۰۱۱ء کالم میں انتخاب (منتخب کالم) (مرتبہ: سید امتیاز الدین)۲۰۰۹ئ، امریکہ گھاس کاٹ رہا ہے (سفر نامہ اور کالم بارے امریکہ) (مرتبہ: احسان اللہ احمد)۲۰۰۹ء اردو کے شہر اردو کے لوگ (رپورتاژ اور شخصی خاکے) (مرتبہ: رحیل صدیقی)۲۰۱۱ء و دیگر شامل ہیں۔

مجتبیٰ حسین کی خدمات کے اعتراف میں معتبر اداروں اور انجمنوں نے انہیں مختلف انعامات و اعزازات سے نوازا ہے۔ جن میں غالب انسٹی ٹیوٹ دہلی کی جانب سے پہلا "غالب ایوارڈ برائے اردو طنز و مزاح"۱۹۸۴، اردو اکادمی دہلی نے "ایوارڈ برائے تخلیقی نثر"۱۹۹۰ئ، آندھرا پردیش اردو اکادمی نے "کل ہند مخدوم محی الدین ادبی ایوارڈ"۱۹۹۳، ہریانہ اردو اکادمی کی جانب سے "کل ہند مہندر سنگھ بیدی ایوارڈ برائے طنز و مزاح"، ۱۹۹۹، کرناٹک اردو اکادمی نے "کل ہند ایوارڈ برائے مجموعی خدمات"، مدھیہ پردیش اردو اکادمی نے "کل ہند جوہر قریشی ایوارڈ"۲۰۰۳ء، حکومت ہند نے "پدم شری" ایوارڈ ۲۰۰۷ئ، اردو ساہتیہ اکادمی حکومت مہاراشٹر نے "سنت گیا نیشور نیشنل ایوارڈ"۲۰۱۱ء سے نوازا۔ ان کے علاوہ ان کی تصانیف کو ملک و بیرون ملک کی مختلف اداروں، اردو اکادمیوں اور ادبی انجمنوں کی جانب سے انعامات و اعزازات سے سرفراز کیا ہے۔

مجتبیٰ حسین ایک عہد ساز شخصیت، اعلیٰ قدر فنکار تھے انہوں نے طنز و مزاح، خاکہ نگاری، سفر نامہ اور انشائیہ نگاری اور رپورتاژ نگاری کے ذریعے اپنی تخلیقی صلاحیتوں کا لوہا

منوایااور دنیا بھر میں شہرت حاصل کی۔ اردو دنیا میں اپنی تحریروں کی وجہ سے مجتبیٰ حسین کو ایک خاص مقام حاصل ہوا۔ وہ ایک قد آور شخصیت کے مالک تھے۔ طنز و مزاح کے میدان کے ماہر تھے۔ ان کی تحریریں سماجی اصلاح کا کام کرتی ہیں۔ سائنس و ٹکنالوجی کے اس دور میں ہر فرد مصروف عمل ہے اور ایسے دور میں اردو ادب کی صنف طنز و مزاح سے لوگوں میں تفریح کا سامان فراہم کرتے ہوئے معاشرہ کی اصلاح کرنا وقت کی اہم ضرورت ہے۔ یہ کام پچھلی نصف صدی سے زائد عرصہ سے جناب مجتبیٰ حسین انجام دیتے رہے۔ ان کے انتقال سے اردو دنیا سماج کے ایک ماہر نباض سے محروم ہوگئی۔ ان کی تحریریں مزاح سے لبریز ہیں۔ انہوں نے طنز مزاح کے ساتھ ساتھ خاکہ بھی لکھے ہیں اور سفر نامے، رپورتاژ بھی۔ ان کا اسلوب سادہ، سلیس اور دلکش ہے۔

مجتبیٰ حسین ایک ممتاز قلمکار تھے ان کو شہرت طنز و مزاح قلمکار کی حیثیت سے ملی ، روزنامہ سیاست میں میرا کالم کے تحت ان کے اکثر و بیشتر خاکے شائع ہوئے، جن سے اردو کے قاری محظوظ ہوتے رہے۔ انہوں نے یہ خاکے اپنے دوست احباب سے متعلق لکھے۔ جن کی اپنی ایک انفرادیت ہے۔ انہوں نے جن شخصیات پر خاکے لکھے 'اپنی تحریروں میں جس انداز سے ان کی تصویر کھینچی ہے اس سے ظاہر ہوتا ہے کہ مجتبیٰ حسین کے تعلقات ہر فرد سے بہت اچھے تھے وہ دوستی نبھانے کا فن بہ خوبی جانتے تھے اور اس کا پاس ولحاظ بھی رکھتے تھے۔ ایک طرف تو وہ شخصیت کی خوبیاں بیان کرتے اور کمزوریوں کو بھی بیان کرنے سے گریز نہ کرتے تھے یہ ان کے فن کا کمال تھا۔

مجتبیٰ حسین کی خاکہ نگاری کی خوبیوں کو بیان کرتے ہوئے پروفیسر شمیم حنفی لکھتے ہیں۔

"مجتبیٰ حسین کے خاکوں کی یہ خوبی بھی بہت اہم کہ ان میں ہر چند کہ دوسرے کے

بیان سے ان کے اپنے بیان، کا پہلو بھی نکلتا رہتا ہے، لیکن دوسروں کی ذات کو سمجھنے کے لیے وہ نہ تو اپنی ذات کو پیمانہ بناتے ہیں، نہ ہی اپنے کارِ منصبی (مزاح نگاری) سے اس درجے مغلوب ہوتے ہیں کہ ان کی بنائی ہوئی قلمی تصویر کی پیروڈی بن جائے"۔[1]

مجتبیٰ حسین نے چند معروف شخصیتوں، شعراء، ادیبوں، صحافیوں اور اپنے دوست احباب سے متعلق خاکے لکھے ہیں ان خاکوں میں طنز و مزاح دونوں پہلو نمایاں طور پر محسوس کئے جاسکتے ہیں کہیں کہیں وہ ان خاکوں میں سنجیدگی اختیار کر لیتے ہیں۔ مجتبیٰ حسین ان خاکوں میں خود بھی موجود ہوتے ہیں کبھی راوی کی طرح کبھی خاکے میں بیان کردہ شخصیت سے متعلق اپنی یادوں کے بیان کے ساتھ اور وہ شخصیت کو بیان کرتے ہوئے اپنی ذات کو بھی ان خاکوں میں شامل کرتے رہے۔ ان کے خاکوں میں وہ شخصیت کا تعارف بھی کراتے ہیں۔ طنز بھی کرتے ہیں وہیں دبے انداز میں اصلاح بھی کرتے ہیں۔ ان کے تحریروں میں لطیفوں کی نشاندہی ہوتی ہے جس کو پڑھ کر قاری کے چہرے پر ہنسی کا تاثر پیدا ہو جاتا ہے یہ مجتبیٰ حسین کا خصوصی وصف تھا جو ان کو دوسرے ادیبوں سے ممتاز کرتا ہے۔ وہ اپنے خاکوں میں بے تکلفی سے ہم کلامی کرتے ہیں بے ساختہ پن ان تحریروں میں دکھائی دیتا ہے سادہ مزاجی انکساری کا پہلو بھی نمایاں طور پر محسوس کیا جاسکتا ہے۔

مجتبیٰ حسین کی خاکہ نگاری کا جائزہ لیتے ہوئے۔ ارشاد آفاقی رقمطراز ہیں۔

"مجتبیٰ حسین نے جن شخصیتوں کے خاکے تحریر کیے، ان کے پیشے، دلچسپیاں، مشاغل اور معاملات اس سلسلے میں مختلف ہیں کیونکہ یہ اشخاص بھی مختلف ہیں، ان میں ادیب بھی ہے اور شاعر بھی، افسانہ نگار بھی ہے اور طنز و مزاح نگار بھی مصور بھی ہے اور خاکہ نگار بھی، عہدہ دار بھی ہے اور موسیقی کار بھی، شیخ بھی ہے اور برہمن

بھی۔ غرض ہر نوع کی شخصیات پر مجتبیٰ حسین نے خاکے ترمیم کیے، لیکن ان سب میں جو بات یکساں ہے وہ یہ کہ یہ تمام یا تو مجتبیٰ حسین کے دوست یا احباب ہیں۔ اس لیے ان تمام کے خاکے مجتبیٰ حسین کو رقم کرنے پڑے۔ لیکن مجتبیٰ حسین نے کسی بھی جگہ خالص تعریف تنقیص سے کام نہیں لیا اور نہ تساہل، تجاہل، اور تغافل کے شکار ہوئے، بلکہ عظمتون اور لغزشوں، خوبیوں اور خامیوں میں توازن اور تناسب برقرار رکھا۔"۳۳

مجتبیٰ حسین کے خاکوں میں افسانہ نگاری کی خصوصیت کا عنصر بھی نمایاں ہے، ایک اچھے افسانہ نگار میں جو خوبیاں پائی جانی چاہیئے وہ سب مجتبیٰ حسین کے پاس موجود تھیں ان کے خاکوں میں روداد نگاری کی جھلک بھی نظر آتی ہیں ان کے بعض خاکوں میں رودار کی کیفیت محسوس کی جاسکتی ہے۔ انہوں نے جن شخصیات کے خاکے لکھے ہیں ان خاکوں میں جس شخصیت کا خاکہ وہ بیان کر رہے ہوتے ہیں ان کے اوصاف بھی نمایاں ہوتے ہیں اور وہیں ان کی خامیوں پر سے پردہ بھی اٹھاتے ہیں۔

مصحف اقبال توصیفی نے مجتبیٰ حسین کے فن خاکہ نگاری سے متعلق رقمطراز ہیں۔

" مجتبیٰ حسین کے خاکوں میں فکری جذبے اور مشاہدے کی آمیزش نئے نئے روپ دھارتی ہے۔ خاکوں میں وہ اپنی ذات کو وہیں درمیان میں لاتے ہیں جب ایسی صورت ناگزیر ہو جہاں خود اُن کے آئین عکس کے بغیر اُن کے کردار کے نقوش، خوبیاں یا کمیاں اپنے واضح خدوخال نہ بناتے ہوں، خاکوں کے علاوہ اُن کے کالم، مضامین، سفر نامے بھی بے لگام انا کے اظہار، ذاتی عناد و تعصب اور ہر طرح کی معاصرانہ چشمک سے پاک ہیں۔ اُن کے طرزِ اظہار میں کہیں علم یا مطالعے کی نمائش نہیں۔ اُن کے بیشتر نقادوں کا یہ خیال بالکل صحیح ہے کہ وہ کہیں فلسفی بننے کی کوشش نہیں کرتے، کسی غیر ضروری بحث میں اپنا وقت ضائع نہیں کرتے، یوں بھی اکبر الہ آبادی جس طرزِ فکر کو "فالتو عقل" کا نام دیتے

ہیں، مجتبیٰ کی تحریروں میں اُس کی کوئی جگہ نہیں"[۲]

انشائیہ اُردو نثر کی ایک غیر افسانوی صنف ہے۔ انشائیہ میں مضامین جن میں خیالی یا انہونی باتوں کے بجائے زندگی، عمل اور تجربات کی باتیں بیان کی جائیں انہیں مضمون کے بجائے انشائیہ کہا جائے گا۔ اس صنف کو بھی مجتبیٰ حسین نے بڑی خوبی سے برتا ہے ،انہوں نے اردو کے شاہکار انشائیے لکھے ہیں۔ انہوں نے اپنے انشائیوں کے توسط سے مزاح اور ظرافت کی پھلجڑیاں چھوڑی ہیں اور طنز کے تیر بھی برسائے ہیں۔ اور اپنے خیالات کو برملا برتا ہے مجتبیٰ حسین نے خاکوں کے ساتھ ساتھ انشائیے بھی لکھے ہیں جس کی اپنی ایک انفرادیت ہے۔

منظر کمال نے اپنے مضمون میں مجتبیٰ حسین کی انشائیہ نگاری کا جائزہ لیتے ہوئے لکھا ہے۔

"مجتبیٰ حسین نے بہت سارے انشائیے لکھے ہیں۔ جو عوام وخواص میں بے حد مقبول ہوئے ہیں۔ ان کے انشائیے غیر رسمیت اور بے تکلفی کے باوصف بڑے منضبط ہوتے ہیں اور قاری کو فنی تکمیل کا احساس بھی دلاتے ہیں۔ وہ اپنے انشائیوں میں کسی مرکزی بات سے ضمنی باتیں نکال کر اس کا تانا بانا بنتے ہیں اور کبھی وہ یہی کام کسی کلیدی لفظ سے لیتے ہیں۔ "ہماری بے مکانی دیکھتے جاؤ" ان کا ایک دلچسپ اور لطیف انشائیہ ہے۔ اس انشائیہ میں انھوں نے ایک لفظ "اتفاق" کا بارہا بخوبی استعمال کیا ہے۔ مجتبیٰ حسین نے اس انشائیہ میں کرایہ داروں کو ہونے والی مشکلات، پریشانیوں اور مکان مالکوں کے کرایہ وصولی کے انوکھے طریقوں اور بہانوں کا بڑے شگفتہ انداز میں ذکر کیا ہے۔[۴]

مجتبیٰ حسین کے خاکوں میں زندگی کی حقیقت، سماجی بیداری، ادبی شعور، جدید

رجحانات جیسے موضوعات کی نشاندہی ہوتی ہے ،اپنے انشائیوں میں جذباتی اور بے ساختہ اندازامیں بیان کرتے چلے جاتے ہیں۔ان کے انشائیوں میں کمزور انسانوں اور بے بس لوگوں سے ہمدردری کا احساس بھی نظر آتا ہیں۔ان کی تحریروں میں تشبیہات و استعارات کاخوب استعمال بھی محسوس کیاجاسکتاہے۔

ارشاد آفاقی مجتبیٰ حسین کی تحریری خصوصیت سے متعلق لکھتے ہیں۔

"بحیثیت مجموعی مجتبیٰ حسین کے لکھنے کا انداز فی البدیہہ ،برجستہ اور بے ساختہ ہیں۔وہ نہ کسی خاص ماحول اور مزاج کے پابند ہیں اور نہ کسی وقت اور موضوع کے ،بلکہ وہ کسی خاص صنف کے بھی پابند نہیں رہے اس لئے ان کی ذات میں بیک وقت ایک بلند پایہ صحافی ،ایک عظیم انشائیہ نگار ،ایک اعلی مرتبہ خاکہ نگار ،ایک بے مثال سفر نامہ نگار ،ایک بہترین رپورتاژ نگار اور ایک اچھے مکتوب نگار کی ہستیاں سمٹ آئی ہیں ،اس طرح وہ شش پہلو شخصیت کے مالک ہیں جس کا ہر پہلو درخشان اور تابناک ہیں۔" ۵؎

مجتبیٰ حسین ایک خاکہ نگار انشائی نگار اور سفر نامہ نگار کے ساتھ ساتھ ایک کامیاب مزاح نگار بھی تھے یوں کہا جائے تو بے جانہ ہو گا کہ ان کی پہچان ہی مزاح نگاری حیثیت سے کی جاتی ہے۔انہوں نے اردو مزاح نگاری میں اپنی قابلیت اور صلاحیتوں کی بنیاد پر اول صف میں جگہ بنالی تھی۔ان کو زبان وبیان پر مکمل دسترس حاصل تھی بات سے بات پیدا کرنا ان کا خصوصی وصف تھا ان کی تحریروں کا انداز شگفتہ اور سیدھا سادہ ہوتا تھا جو عام قاری پر بھی اثر انداز ہوتا تھا جب کوئی اگر مجتبیٰ حسین کی تحریر پڑھ لیتا تو ان کے گن گانے اور تعریف بیان کرنے میں لگ جاتا ہے یہ وصف بہت کم لوگوں کے حصہ میں آیا ہے ان میں ایک نام مجتبیٰ حسین کا بھی ہے۔ مجتبیٰ حسین نے اپنی تحریروں سے ایک عالمی

مقبولیت حاصل کرلی تھی ،اردو کے منفرد اور مقبول مزاح نگاروں میں آپ کا شمار ہوتا ہے۔ان کی مقبولیت کا اندازہ ہمیں مختلف جامعات کی نصابی کتب میں شامل ان کے مزاحیہ مضامین سے ہوتا ہے۔

مجتبیٰ حسین کی بحیثیت مزاح نگار کے ان کی عالمی مقبولیت سے متعلق ڈاکٹر شیخ سیادت علی رقمطراز ہیں۔

" مجتبیٰ حسین کو اپنی طنزیہ اور مزاحیہ تحریروں کی وجہ سے برصغیر ہی نہیں بلکہ عرب ممالک اور یوروپی ممالک میں جس قدر شہرت حاصل ہوئی اس معیار کو کوئی اور ادیب نہیں پہنچ سکا۔یہ خوبی ان کے فن اور طرز تحریر کی نمائندہ ہے اور یہ ثبوت فراہم کرتی ہے کہ اردو طنز و مزاح کی تاریخ میں مجتبیٰ حسین کا نام انفرادی حیثیت کا حامل رہے گا۔"٦

بہت سے جامعات میں مجتبیٰ حسین کی ادبی خدمات پر تحقیقی کام ہوا اور ہو رہا ہے ،ان کی شخصیت اور فن پر ہندوستان و پاکستان کے بہت سے رسائل و جریدوں نے مجتبیٰ حسین فن اور شخصیت نمبر شائع کیا ہے جن میں ماہنامہ شگوفہ حیدرآباد نومبر ۱۹۸۷ء ،،۲۰۰۸ء اور اگسٹ ۲۰۱۲ء ،اپروموشن آف آرٹ بیورو شارجہ نے ۱۹۹۷ء میں جشن مجتبیٰ حسین کے موقع پر سوویز شائع کیا تھا۔کتاب نما،جولائی ۲۰۰۴ء،چہار سو راولپنڈی پاکستان،جنوری فروری 2015ئ،نیادور ، ستمبر ۲۰۱۸ء ،آج کل نے جولائی ۲۰۱۹ء میں مجتبیٰ حسین پر خصوصی گوشے شائع کئے ہیں ان کے علاوہ شکیل الرحمن نے مجتبیٰ حسین کا فن کے عنوان سے ۱۹۸۷ میں کتاب لکھی ہے۔

مجتبیٰ حسین کے سانحہ ارتحال پر حیدرآباد سے مختلف تنظیموں نے انہیں خراج

عقیدت پیش کیا۔ پروفیسر بیگ احساس کے زیر سرپرستی ملک بھر سے مختلف جامعات کے اساتذہ اور ریسرچ اسکالرز نے "مجتبیٰ حسین مرحوم کی یاد میں" چالیس روزہ یادگار آن لائن پروگرام منعقد کیا جس میں روزانہ مجتبیٰ حسین کی کسی ایک منتخبہ تحریر کو پڑھا جاتا تھا بعد میں ناظرین ان پر تبصرہ کرتے تھے اور آخر میں صدر محفل پروفیسر بیگ احساس نے ان مضامین اور ان سے جڑی مجتبیٰ حسین کو یادوں کو پیش کیا۔

مجتبیٰ حسین کی تصانیف ریختہ ویب سائٹ اور مجتبیٰ حسین ڈاٹ کام پر دستیاب ہیں۔ مجموعی طور پر دیکھا جائے تو مجتبیٰ حسین طنز و مزاح کی عبقری شخصیت تھے۔ ان کے گزرنے سے مشتاق احمد یوسفی 'یوسف ناظم وغیرہ نے مزاح نگاری کی جو عظیم روایت چھوڑی اس میں ایک بڑا خلا پیدا ہو گیا۔، مجتبیٰ حسین نے اردو ادب کے ذخیرہ میں کافی حد تک اضافہ کیا اور اردو کے قارئین کو اپنی شگفتہ تحریروں سے محظوظ کرتے رہے، ان کا شمارہ اردو ادبی کی عظیم ہستیوں میں ہوتا ہے جنہوں نے اپنے وجود کا اپنے عہد کو احساس دلایا اور وہ نمایاں کام انجام دئے جن کو کبھی بھلایا نہیں جاسکتا۔ آج اردو کے عظیم مزاح نگار ہمارے درمیان نہیں ہیں لیکن وہ اپنی تحریروں کے ذریعہ ہمیشہ زندہ رہیں گے۔

حواشی:

۱) آدمی نامہ ایک جائزہ، ص۸۵،ماہنامہ شگوفہ حیدرآباد جلد نمبر ۲۰، مجتبیٰ حسین نمبر

۲) مجتبیٰ حسین کی مزاحیہ خاکہ نگاری، سہ ماہی فکر و تحقیق، جنوری تا جون ۲۰۱۷ء ص۲۶۷

۳) مجتبیٰ حسین کا فن: چند باتیں، سمت شمارہ ۳۶، اکتوبر تا ڈسمبر ۲۰۱۷
۴) مجتبیٰ حسین: ایک منفرد اور عہد ساز انشائیہ نگار، اردو ریسرچ جرنل اپریل ۲۰۱۸، شمارہ ۱۴
۵) ارشاد آفاقی، مجتبیٰ حسین۔ فن، شخصیت اور کارنامے، مرتب صفدر امام قادری ۲۰۱۸ء ص، ۶۷
۶) آزادی کے بعد اردو مضامین میں طنز و مزاح، ۲۰۱۰ء ص ۲۹۸

***